기술이 만드는 미래

WEB 3.0과 블록체인

야마모토 야스마사 지음

박제이 옮김

기술이 만드는 미래 WEB 3.0과 블록체인

퍼블리온
Publion

차례

'NFT'가 디지털 데이터에 새로운 가치를 창출했다

3장 개인의 공헌을 가시화하는 'DAO'가 심각한 능력주의를 초래한다

4장 모든 기업이 피할 수 없는 '트레이서빌리티'도 변혁한다

특별대담

정치와 사회까지 바꾸는 웹 3.0의 가능성

야마모토 야스마사 X 쓰쓰이 기요테루

웹 3.0을 왜 알아야 하는가?

2022년, 미국에서는 조금 잠잠해졌지만 미국보다 반년 정도 늦게 일본에서도 디지털 테크놀로지 분야에서 '웹 3.0 Web 3.0' 이라는 버즈워드 buzz word, 인터넷 정보 검색 시 그다지 도움이 되지 않는 단어-옮긴이가 '메타버스'와 함께 크게 화제를 모았다.

2014년이라는 이른 시기에 웹 3.0이라는 개념을 제창한 이는 '이더리움 Ethereum'의 공동 창시자이자 전 CTO인 개빈 우드 Gavin Wood다. 이더리움은 '이더리움 프로젝트'라는 이름의 블록체인을 응용한 플랫폼의 총칭이며, 그곳에서 사용되는 '이더'는 비트코인을 잇는 업계 두 번째 암호화폐가상화폐다. 암호화폐 산업계의 인플루언서가 '새로운 인터넷 세계'로서 웹 3.0이라는 개념을 제시한 일은, 암호화폐 업계를 활성화하려는 의도와 이상론적 의미 또한 다분한 사건인 듯하다.

여기서 우리가 잠시 주목해야 할 것이 있다. 2022년보다 8년이나 앞서 소개된 개념이 왜 새삼 재조명받는가, 하는 점이다. 그 계기는 암호화폐 업계에 거액의 투자를 하는 미국 벤처 캐피털 기업인 안드리센 호로위츠Andreessen Horowitz가 웹 3.0 관련 사업에 출자하고 투자자를 모은 것이었다. 홍보 차원에서 웹 3.0이 걸맞았기 때문일 것이다. 더욱 좋은 인터넷을 구축하기 위해 각국 정부에 웹 3.0 관련 법 정비를 제안하는 데에도 바로 이런 배경이 깔려 있다. 현 단계의 웹 3.0은 인기를 끄는 마케팅 용어이자, 각자의 입장을 드러내기 위한 도구로서 멋대로 쓰이는 측면도 크다.

하지만 웹 3.0이 제시된 계기라 할 수 있는 블록체인은 다양한 가능성을 품은 기술이다. 엄밀히 말해 메타버스와는 다르다. 현재 메타버스는 고유의 핵심 기술이 있는 것도 아니며, 그저 기존 기술을 조합해서 만들어졌기 때문이다. 현시점에서는 웹 3.0이라는 콘셉트와 이상론만 앞선 채 정작 중요한 알맹이는 따라가지 못하는 것 같다.

이런 유행어가 출현할 때는 주의점이 있다. 제대로 이해하고 있는 사람은 극소수이며 그들은 실제 상황보다 부풀려 이야기하지 않는다. 다만 제대로 실제 상황을 이해하기보다는 이상론을 과장하여 자기 승인 욕구나 이익으로 유도하는 사람이 반드시 있다는 사실이다. 심지어 신선해 보인다는 이유로 언론도 그런 사람을 전면에 내세운다. 그들에게 옳고 그름은 상관없다. 하지만 우리는 신중히 들여다보아야 한다. 사회의 자원을 활용한다는 의미에서 말이다. 2020년대 이후 인터넷 동향을 살펴볼 때는 암호화폐에서 웹 3.0으로 가는 일정한 움직임과 블록체인 기술의 응용 가능성을 분리해서 바라보는 냉정한 시각이 중요하다.

투자 자금이 블록체인으로 흘러든다

블록체인과 관련한 스타트업의 자금 조달액은 해마다 늘고 있다. 특히 2021년의 증가세가 두드러지는데, 2020년 31억 달러에서 252억 달러로, 전년 대비 약 여덟 배라는 경이로운 증가세를 보였다. 이 추세에는 웹 3.0이라는 '라벨'의 선전 효과도 기여했다고 본다. 하지만 라벨 유무와는 상관없이 2010년대부터 블록체인 관련 기업으로 인재와 투자 자본이 모여들었다. 기존 기업 눈에는 얼뜨기들이 갑자기 모여드는 것으로 비쳤을 것이다. 미국 대형 모바일 결제 서비스인 '스퀘어'의 CEO인 잭 도시Jack Dorsey가, 2021년 12월에 회사명을 '스퀘어'에서 '블록Block'으로 바꿨는데, 이는 블록체인을 연상시킨다. 트위터 CEO를 사임한 지 얼마 안 된 잭 도시가, 새로운 필드에 내건 간판으로서 '블록'이라는 명칭을 고른 것은 테크놀로지의 트렌드라는 시점에서도 매우 시사적이다.

물론, 기존의 금융기관도 그저 손 놓고 구경만 한 것은 아니다. 일본 미쓰비시UFJ파이낸셜그룹은 블록체인을 활용한 독자적인 증권 발행 및 관리 플랫폼인 'Progmat프로그마'를 내놓았다. 향후 블록체인을 활용한 시도가 다양한 업계에서 실험적으로 이루어질 것으로 예상된다. 그 과정에서는 다른 업종으로 진입하는 기업도 늘어날 것이다. 이미 일본 내에서는 다이이치생명보험第一生命保険이 SBI스미신넷뱅크SBI Sumishin Net Bank, 라쿠텐은행楽天銀行과 연계하여 2022년 내에 은행 서비스를 개시하겠다고 발표했다.2023년 1월 서비스를 개시함-옮긴이 일본 대형 생명보험회사가 은행 서비스에 진입하는 첫 사례다. 이와 같은 움직임은 앞으로도 틀림없이 가속화할 것이다.

캠페인 도구로 소비하지 않는 눈을 키우자

블록체인 기술이 어려움을 극복하고 사회에 정착된다면, 미래에는 일정 정보가 중앙 정부나 대기업의 관리하에서 멀어질 것이다. 정부의 형태는 바뀌고 경제는 지금보다 훨씬 합리화, 효율화될 것이다. 자연히 기준도 그에 맞춰 개선할 수밖에 없을 것이다. 웹 3.0은 인터넷 영역만의 이야기가 아니라는 점이 가장 큰 포인트다. 블록체인이 다양한 가능성을 품고 있다는 점을 이해하고 그 기술에 의해 미래가 어떻게 변화할지 읽어내어 어떻게 우리 영역에 응용해 갈 것인가. 그것을 자기 일로 받아들이는 것이 웹 3.0을 대하는 가장 올바른 자세가 아닐까?

웹 3.0에만 국한되는 이야기는 아니지만 최신 테크놀로지나 무브먼트에 대해 가장 무서운 결과를 낳는 태도가 있다. 바로, 표면적인 정보만을 살짝 맛보고 '다 안 것 같은 기분'에 취해 얄팍한 판단력으로 섣불리 판단해 버리는 것이다. 가령 블록체인의 도입으로 중앙집권에서 탈중앙화로 향하리라는 이상은 정말로 실현될까? GAFAM구글, 애플, 페이스북(2021년 10월 28일, 현재의 사명 "메타"로 변경), 아마존, 마이크로소프트 등의 대형 IT 기업에 대항할 상론을 바탕으로, 일본 정부는 '경제 재정 운영과 개혁의 기본 방침 2022 骨太方針 2022'에서 웹 3.0에 적극적으로 나설 것을 시사했다. 그렇다면 IT 대기업은 블록체인을 활용할 수 없을까? 그것을 뒷받침할 이론적인 이유는 없다. 새로운 것에 도전하는 일 자체는 장려할 만하다. 그러나 정책으로서는 규모의 경제를 어떻게 활용하여 이윤을 계속 남기고 분배를 키울 것인가, 하는 구체적인 길에 더욱 주목해야 한다.

웹 3.0에 통일된 이해는 없다. 이는 웹 1.0이나 웹 2.0도 마찬가지다. 애초에 웹 2.0이 정의됨으로써, 거슬러 올라가 웹 1.0을 정의했을 정도이니, 엄밀한 정의도 수적인 법칙성도 없는 것이 당연하다. 제창자도 제각기 다르다. 애매하고 추상적이다. 그렇기에 대충 그 단어를 쓰는 것만으로도 마치 다 아는 척할 수 있다. 고작 표층만 이해하고서 자신들의 가치나 우위성을 올리기 위한 단순한 캠페인의 소도구로서 소비된다.

이것이 웹 3.0이 현재 안고 있는 본질적인 문제가 아닐까? 그리고 이 함정에 가장 빠지기 쉬운 이는 젊은 세대가 아니다. 조직을 이끄는 경영진과 관리직, 베테랑 정치가 등 '테크놀로지에는 어둡지만 의사 결정권이 있는' 사람들이다. 바로 그런 이유에서 이 책은 엉킨 실타래를 풀 듯, 웹 3.0의 근간인 블록체인 기술을 본질로 보고 웹 3.0의 미래가 품고 있는 가능성에 대해 하나씩 검증해 나가려 한다.

1장

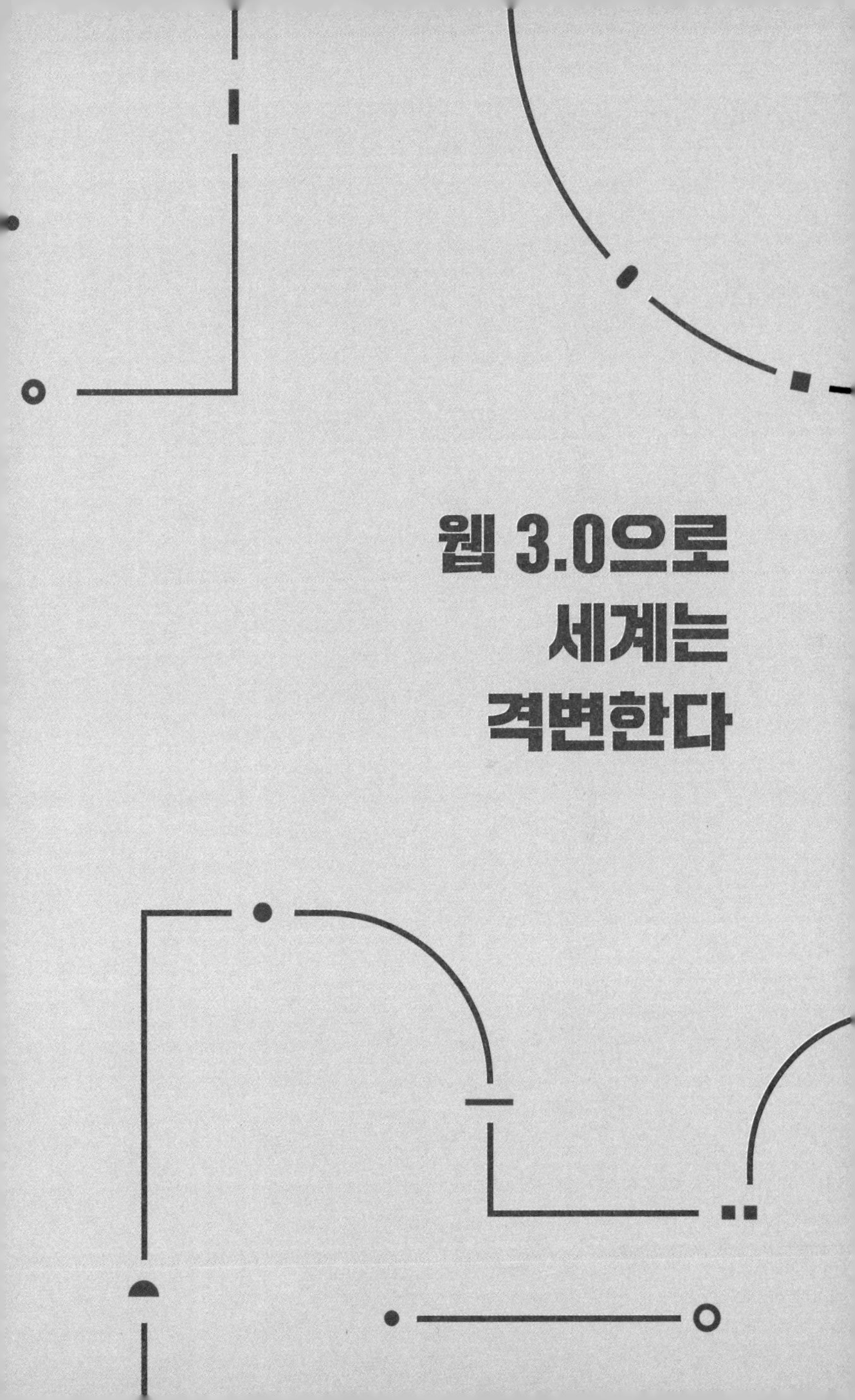

웹 3.0으로 세계는 격변한다

'보기만' 했던 웹 1.0

웹 3.0이란 무엇인가? 이것은 구체적으로 무엇을 의미하며 그것을 통해 사회나 경제는 어떻게 바뀔까? 현재2022년 이곳저곳에서 이러한 논의가 일어나고 있다. 웹 3.0은 갑자기 나타난 개념이 아니다. 웹 3.0 이전에는 웹 2.0이 있었고, 그전에는 출발 지점으로서 웹 1.0이 있었다. 하지만 각각 어떤 것인지 새삼 질문을 받으면 대체로 말문이 막힐 것이다. 실체가 보이지 않는 이 애매한 개념을 풀어헤치기 위해서 우선은 웹, 즉 인터넷이라는 세계를 바꾼 테크놀로지의 변천사를 되짚어 보자.

일본에서 개인에게 인터넷이 보급되기 시작한 것은 1990년대 중반부터다. 당시의 웹사이트는 일부 사람들을 위한 한정적 서비스로, 대부분 유저는 기업 등이 제공하는 정보를 '보기만' 하는 수신자였다. 일본에서 처음으로 인터넷 서비스 프로바이더가 서비스를 개시한 것이 1992년, 다이얼업dial-up, 공중 교환 전화망(PSTN)을 통하여 상대방과의 데이터 통신을 설정하기 위하여 전화기의 다이얼을 돌리거나 버튼을 누르는 것-옮긴이 접속 서비스가 시작된 것이 1994년, '윈도95'가 일본에서 출시된 것이 1995년, '야후 재팬'이 서비스를 시작한 것이 1996년이다. 이러한 흐름을 읽으면 당시 인터넷의 위상을 피부로 느꼈던 기억이 새록새록 나는 사람도 많을 것이다.

제프 베이조스Jeff Bezos가 아마존을 창업한 1994년 당시, 투자자에게 받은 질문 중 가장 많은 것이 '애초에 인터넷이란 게 뭔가?'였다고 한다. 1990년대 초반의 미국 사회에서조차 인터넷은 일반에 아직 거의 알려지지 않은 기술이었으므로, 당시 인터넷과 사회의 거리감을 시사하는 매우 상징적인 에피소드라 하겠다. 정보의 수신자와 발신자가 고정되어 있으며 정보가 한 방향으로, 정적으로 흐른다. 대부분은 아직 그 의미를 모르며 일상 수준에서는 활용되지 않는다. 이것이 훗날 웹 1.0이라고 불리는 인터넷의 초기 단계다.

쌍방향 소통이 실현된 웹 2.0

한 방향뿐이었던 인터넷의 흐름이 본격적으로 바뀐 것은 1990년대 후반부터다. 일본에서는 1990년대 후반부터 시작된 ADSL의 보급과 광회선의 등장으로 인터넷은 단숨에 보통 사람에게도 친근한 존재가 되었다. 블로그나 SNS, 유튜브, 페이스북 등의 서비스가 증가함으로써 그전까지는 극히 일부의 비즈니스 범위에서만 쓰이던 인터넷 세상이 점차 만인에게 열린 것이다. 어려운 프로토콜을 몰라도 누구나 자신이 쓴 개인적인 텍스트나 찍은 사진을 불특정 다수와 공유할 수 있게 되었다. 이는 인터넷의 역사에서 커다란 전환점이 되었다. 다시 말해 '누구나 미디어가 될 수 있는 시대'가 도래한 것이다. 누구나 쉽게 정보를 제공하고 상호 소통할 수 있게 된 것, 쌍방향성이 생겨나고 그로 인해 플랫폼과 커뮤니티가 폭발적으로 확산한 것, 이것이야말로 웹 2.0의 최대 특징이라 할 수 있을 것이다.

이 개념을 '웹 2.0'이라고 명명한 것은 미국 오라일리 미디어 창업자이자, 오픈소스 운영의 지지자로도 유명한 팀 오라일리Tim O'Reilly였다. 일본에서는 IT 컨설턴트인 우메다 모치오梅田望夫의 저서 『웹 진화론ウェブ進化論』재인, 2006에 의해 이 개념을 접한 사람도 많을 것이다. 구글이 이끄는 검색 기술의 혁신과 아마존을 비롯한 EC 사이트아마존 등의 인터넷 상거래 사이트-옮긴이의 서비스, 각종 SNS가 확산됨으로써 인터넷은 우리 일상생활에서 더욱 친근해졌다. 현재 우리 대부분이 연결된 인터넷은 이 웹 2.0이다.

승부의 갈림길: 왜 일본산 SNS는 웹 2.0에서 패배했는가

한때 일본은 웹 2.0이라는 커다란 조류의 선행 집단에 속했다. 아직 아이폰이 세상에 나오지 않았던 2000년대 중반에는 일본산 SNS인 GREE나 mixi, 익사이트, 하테나, 라이브도어 등의 블로그 서비스가 인기를 끌었던 것을 기억하는 일본 독자도 많을 것이다. 하지만 페이스북과 트위터에 점차 밀리더니 어느덧 SNS로서는 쇠퇴했다. 어디가 승부의 갈림길이었을까? '콘텐츠 자체의 질 확보'와 '공유의 용이성', 이 두 가지 요소를 갖추었느냐가 포인트라고 생각한다. 인터넷상의 정보는 어떤 의미에서 코모디티넘쳐나는 상품이다. 대부분 무료이며 누구나 볼 수 있으므로 희소성이 없다. 정보를 더욱 쉽게 공유할 수 있게 하거나 스팸 혹은 거짓 정보를 배제하여 정보를 쉽게 발견할 수 있는 체계 마련이 중요하다.

쇠락의 길을 걷게 된 플랫폼은 결국 유저가 바라는 형태로 서비스를 제공하지 못한 것이다. 페이스북이 보급되기 시작한 초반에는 익명이나 닉네임이 당연했던 인터넷 세상에 '본명' '출신학교' '소속 회사' 등의 진짜 정보를 들여오는 것은 말도 안 된다는 반발의 목소리도 컸다. 하지만 '실명으로 이어진 소셜 미디어'라는 페이스북의 위치 선정은 해외와 연결될 수 있다는 장점과 규모의 경제가 발휘되면서 급속히 확산했다. 그 후에도 인스타그램이나 틱톡 등의 새로운 SNS가 속속 등장했지만 모두 쌍방향 커뮤니케이션을 활용하여 쉽게 사용할 수 있는 서비스를 설계, 제공하는 플랫폼으로서 유저를 늘려나갔다. 또한 개인 SNS의 보급에 발맞추어 1990년대 후반부터 2010년에 걸쳐서는 비즈니스나 행정에서도 IT 활용 폭이 커졌다. 지금은 어떤 업계, 어떤 직종이라도 인터넷을 떠나 자유로울 수 없다.

웹 3.0의 핵심 기술은 블록체인

홈페이지나 전자메일을 중심으로 한 정적인 웹 1.0의 세계를 거쳐, SNS나 EC 사이트아마존 등의 인터넷 쇼핑몰-옮긴이가 활발해진 동적인 웹 2.0의 세계로. 이러한 인터넷 변천사를 감안하며 1장의 주제로 돌아가 보자. 다음에 올 인터넷의 새로운 조류, 이미 기업에서 자금이 흘러들고 있는 '웹 3.0'이란 무엇인가? NFT대체 불가 토큰, DAO탈중앙화자율조직, DeFi탈중앙화 금융 등 웹 3.0 주변에는 다양하고 새로운 키워드가 따라다닌다. 자세한 내용은 순차적으로 설명하겠지만, 웹 3.0의 핵심은 단 하나, 블록체인분산형 데이터 저장 기술, 공공 거래 장부라고도 부르며 가상화폐로 거래할 때 발생할 수 있는 해킹을 막는 기술-옮긴이 이다. 블록체인을 활용한 차세대 웹 세상. 단적으로 표현한다면 이것이 웹 3.0의 개념이다.

블록체인은 과거 기록을 확인할 수는 있지만 수정이 매우 어려운 데이터베이스 기술의 한 종류이다. 그야말로 같은 데이터를 저장한 '블록'의 '체인'을 여러 장소에 분산 관리하고 신규 데이터를 참가자끼리 암호 등을 활용하여 인증채굴, 마이닝 함으로써 수정을 방지하는 구조다. 단독 관리자가 관리하는 장부와는 달리 참가자 등 지정된 사람이 데이터를 열람, 운영할 수 있는 장부라는 점이 포인트다. 블록체인을 이해하기 위한 키워드는 '탈중앙집권화'다. 지금까지 정보의 관리나 인증 기능은 '중앙'에 집중된 상태가 당연했다. 그러나 블록체인을 활용함으로써 인터넷상에서 데이터를 분산 관리하여 서로 거래를 감시하고 신뢰를 담보할 수 있는 시스템이 탄생했다.

블록체인이라는 말을 듣고 수많은 사람이 가장 먼저 떠올리는 것은 암호화폐가 아닐까. 세계적인 주가 하락과 금융 불안을 초래한 글로벌 금융 위기리먼 쇼크로 이듬해인 2008년

10월, 사토시 나카모토라는 의문의 인물혹은 그룹이 암호화폐인 '비트코인'에 관한 논문을 인터넷에 발표하여 주목받았다. 해당 논문은 리먼 쇼크와 같은 금융 위기가 발생할 때 일어나는 리스크와 중앙은행이 관리하는 기존 금융 시스템의 결함을 날카롭게 비판했으며, 그것의 대체로서 암호와 분산 장부를 활용한 새로운 금융 시스템을 제창했다. 이에 자극받은 엔지니어들이 실제로 해당 시스템을 만들기에 이르렀다. 사토시 나카모토로부터 '비트코인'이라는 새로운 통화 형태암호화폐의 아이디어가 나왔고, 그것을 지지하기 위해 발명된 기술, 즉 거래 정보가 분산되어 대장에 기록되는 시스템 기술을 블록체인이라고 부른다. 그러므로 비트코인과 블록체인의 관계는 매우 밀접하다 할 수 있다.

웹 1.0–웹 2.0–웹 3.0의 차이

웹 1.0	기업 등이 발신한 정보를 일방적으로 열람만 한다
웹 2.0	기업 등이 제공하는 서비스를 이용하여 누구나 정보를 생산할 수 있고 쌍방향 소통이 가능하다
웹 3.0	블록체인 기술을 이용한, 탈중앙화 온라인 에코 시스템

2020년 이후의 암호화폐 열풍

암호화폐를 둘러싼 지난 수년간의 동향과 반응을 찾는 일은, 이른바 웹 3.0의 미래를 점치는 리트머스 시험지가 될 수 있다. 정부나 중앙은행 등 특정 관리자를 거치지 않고 인터넷으로 주고받을 수 있는 암호화폐는 이제 '새로운 시대의 화폐'로서 시장에서 커다란 존재감을 드러내고 있다. 초기에 블록체인으로 무장한 암호화폐 '비트코인'에 열광한 유명인은 테슬라나 스페이스X의 CEO이자, 2002년에 미국 『포브스』지가 선정한 세계 최고 부호 순위 1위, 일론 머스크가 대표적이다. 그 외에도 적지 않다. 또한 자동 실행되는 계약을 실행할 수 있는 '스마트 계약' 기능이 적용된 이더리움의 대두로, 더욱 기세가 확장된다. 이더리움의 블록체인을 기반으로 한 서비스가 수없이 생겨난 것이 그 영향력을 가늠케 한다. 그 기세를 알기 위한 가장 중요한 요소로서 2020년 이후에 암호화폐의 영역에서 일어난 커다란 움직임을 되짚어 보자.

2021년 2월에는 테슬라가 약 15억 달러 상당의 비트코인을 사들여 화제를 모았다. 참고로 직접적으로는 관련이 없지만 테슬라는 그 약 8개월 후 시가 총액 1조 달러선을 넘어, GAFAM과 함께 거대 기업 그룹에 합류했다. 같은 해 4월에는 미국의 암호화폐 거래소 '코인베이스'가 나스닥에 상장했다. 또한 같은 해 8월 코인베이스는 미쓰비시UFJ은행을 파트너로 삼아 일본 첫 진출에 성공했다. 제휴 결과가 어떻게 될지 주목받고 있다.

물론 화려한 뉴스만 있는 것은 아니다. 암호화폐는 가치 변동이 심해서 현시점에서는 사용하기가 만만치 않다. 하락과 저조를 반복하기에 시세가 불안정한 것 또한 사실이다. 실제로 암호화폐를 회의적인 시선으로 바라보는 투자자도 적지 않다. 마이크로소프트의 공동 창업자이자 세계 4위의 부호이기도 한 빌 게이츠는 '디지털 통화는 전혀 갖고 있지 않다'고 일관되게 말한다. 유명한 투자자이기도 한 워런 버핏이 이끄는 투자회사 '버크셔 해서웨이'도 암호화폐 투자는 아직이다.

비트코인을 법정통화로 삼는 국가도 등장했다

이처럼 암호화폐에 대한 평가는 아직 들쭉날쭉하지만, 암호화폐의 시조인 비트코인을 자국의 법정화폐법정통화로 삼은 국가도 등장했다. 중미의 작은 국가 엘살바도르는 2021년 9월, 세계 최초로 비트코인을 법정화폐로 채택했다. 엘살바도르는 분쟁의 상흔으로 정치, 경제 모두 오랫동안 불안정한 상태에 빠져 있었다. 그러나 2019년에 삼십 대의 나이에 대통령으로 취임한 1981년생 나입 부켈레Nayib Bukele 대통령은 마치 불리한 상황을 역이용하듯, 실험적인 시도를 단행했다.

다른 중남미 국가와 마찬가지로 엘살바도르는 미국에 정

치, 경제 측면에서 의존도가 매우 높기로 유명하다. 엘살바도르는 2001년에 법정통화를 미국 달러로 바꿈으로써 자국 통화를 발행하지 않았다. 따라서 지난 이십 년 동안 미국 달러를 사용해 왔다. 그로 인해 자국의 경제 상태와 상관없이 미국의 금융 정책의 영향을 언제나 강하게 받는 불리함을 안고 있었다. 이러한 배경도 비트코인 도입을 부채질한 요인 중 하나일 것이다. 부켈레 대통령은 '현재 달러화 체제를 바꿀 정도는 아니지만, 디지털화를 추진하면서 달러 체제에 맞설 정책을 의식해서 내린 결정'이라고 말했다.

엘살바도르만의 이야기는 아니지만, 기존 시스템의 불완전함이 두드러지는 정국의 혼란기는 실은 새로운 기술이나 방법을 시도할 절호의 타이밍이기도 하다. 어떤 국가, 어느 시대든 간에 인간은 평시에는 좀처럼 시스템을 바꾸려고 하지 않는다. 절실한 동기가 없기 때문이다. 그러나 새로운 변혁을 거세게 요구하는 국가 혼란기라면 정당한 이유가 생긴다. 다네가시마種子島에 전래된 대포라는 새로운 무기가 일본 전국시대의 혼란에 승부를 결정지었듯, 신종 코로나 바이러스 감염

증코로나19의 세계적인 유행으로 재택근무가 단숨에 정착되었듯이 말이다. 역사를 되짚어 보면 비슷한 사례는 얼마든지 있다.

'리프프로그Leapfrog 현상'을 일으킬 가능성도

엘살바도르의 움직임을 따르는 나라들도 속속 등장했다. 2022년 4월에는 중앙아프리카공화국이 비트코인을 법정통화로 채택하는 법안을 전회 일치로 승인했다. 1960년에 프랑스의 지배에서 독립한 중앙아프리카공화국은 그때까지 프랑스가 지원하는 CFA 프랑주변국과의 공통 통화을 통화로 삼아 왔으나, 자국 내 분쟁이 길어지자 역시 대담한 한 수를 써야만 했을 것이다. 남태평양의 통가Tonga도 2022년 내에 비트코인을 법정통화로 삼기 위해 움직이기 시작했다통가의 로지 푸지투아 의원은 당시 인터뷰를 통해 "비트코인을 법정화폐로 도입, 자국 내 기존 법정화폐인 '파앙가'와 함께 사용될 예정"이라고 밝혔다-옮긴이.

세계적으로 봐도 전위적인 시도이므로 이들 나라에서도 내외 전문가나 시민의 반발은 물론 우려를 표명하는 의견도 나오고 있다. '최첨단 기술을 도입하기 전에 먼저 해야 할 일이 있다'는 의견도 일리가 있다. 그러나 시각을 바꾸면, 은행 계좌가 없어서 금융 서비스에 접근하기 어려운 '언뱅크드Unbanked, 금융취약계층-옮긴이'가 스마트폰 애플리케이션을 통해 송금할 수 있는 시스템이 정비될 가능성도 있다. GDP 상승 등의 경제 효과도 기대할 수 있을지 모른다.

개발도상국이 최첨단 기술을 도입함으로써 기존 기술이나 시스템으로 성장을 이뤄왔기 때문에 좀처럼 새로운 기술로 전환할 수 없는 선진국을 부분적으로 따라잡는 것을, 개구리가 뛰는 것에 빗대어 '리프프로그 현상'개발도상국에서 기술 수준이 단계를 뛰어넘어 급격히 발전하는 현상-옮긴이이라고 한다. 암호화폐가 개발도상국의 발전에 크게 기여할 가능성은 결코 적지 않다. 앞으로도 기존 자본주의 시스템을 새로운 기술로 개선하려고 시도하는 나라는 점점 늘어날 것이다.

관리자 부재로 돈의 회전 속도가 상승하는 'DeFi'

웹 3.0 영역에서 새로운 금융 서비스로서 최근 들을 기회가 많아진 말이 'DeFi Decentralized Finance/디파이'일 것이다. '분산형 금융'으로 번역되는 DeFi는 인터넷상에 탄생한 새로운 금융 시스템이다. 증권회사나 은행이 개입하지 않아도 운영할 수 있는 탈중앙집권형 금융 애플리케이션, 그것이 바로 DeFi다.

DeFi에는 몇 가지 특징이 있다. 우선, 관리자가 없다는 점이다. 특정 플랫폼에 의존하지 않고, 은행이나 증권회사가 없어도 금융 서비스를 제공할 수 있기에 그만큼 인건비 등의 비용이 절감되어 수수료 등이 매우 싸진다. 또한 실물 영업점이 없고 모든 것이 온라인상에서 제삼자의 개입 없이 이루어지는 시스템이므로 금전 거래의 시차가 단축되어 가치의 교환이 빠르게 이루어진다. 따라서 돈의 회전 속도가 빨라진다.

가령 고객이 신용카드로 결제하면 처리부터 입금까지 몇 주에서 한 달 정도 걸리는 것이 보통이다. 하지만 DeFi라면 제품이나 서비스의 구매부터 입금까지 걸리는 시간을 단축할 수 있다. 시장을 돌아다니는 돈의 회전 속도가 빨라지는 것은 경제 전체의 활성화로도 이어질 터이다. 반면 어떤 문제가 생겨도 자기 책임이며 지원이나 보상이 없다는 위험이 있다. 또한 컴퓨터 가동에 의한 막대한 전력 소비, 그것에 의한 이산화탄소 배출량, 전자 폐기물의 양도 문제가 될 것이다.

DeFi는 '금융판 위키피디아'

DeFi의 구조를 간단히 파악하기 위해 거칠게 말하자면 '금융판 위키피디아'라고 생각해도 좋다. 다수의 일반 유저가 참여함으로써 자동으로 질서가 지켜지는 구조라는 의미에서 둘은 매우 흡사하다. 지금까지는 중앙만이 관리, 제어해 온 금융 세계를 자동화, 공개화함으로써 더욱 효율적이고 투명성 높은 금융 서비스로 변해가는 것. 그것이 바로 DeFi다. 이렇듯 블록체인의 특성을 살린 DeFi는 기존 금융 시스템에 없는 다수의 이점이 있는데, 시스템의 기반이 되는 것은 이더리움 등에서도 실제로 사용하고 있는 스마트 계약 기능이다.

스마트 계약은 블록체인에 기록된 거래 데이터와 연동하여 계약 사항을 자동 실행해 주는 기술이다. 이 기능을 활용함으로써 인간이 개입하는 일 없이 유저는 지정된 거래를 실행할 수 있다. 스마트 계약은 금융 서비스뿐 아니라 3장에서 설명할 조직 운영 형태인 'DAO 분산형 자율조직'의 기반 기술이기도 하다. 정부가 집계하는 통계 데이터조차도 일부 수정이 가능한 현재로서는 중앙집권의 시스템을 대신할 새로운 존재로 주목받고 있다. 투명성을 높일 수 있는 DeFi는 바로 그 가능성을 품은 시스템인 것이다.

'탈중앙집권화'에 따른 새로운 질서

앞서 블록체인을 해독할 키워드는 '탈중앙집권화'라고 말했는데, 웹 3.0으로 열띤 시선이 쏠리는 이유 중 하나도 바로 이것이다. 애초에 블록체인이 탄생하는 계기가 된 비트코인의 개발 사상 자체가, 리먼 쇼크로 불거진 기존 금융 시스템의 불안정함에 대한 안티테제였다. 유저들에 의해 운영되는 DeFi도 어느 나라의 관리하에도 놓이지 않은 커뮤니티다. 블록체인을 활용하여 '탈중앙집권화'를 추진함으로써 GAFAM이 상위를 독점하는 비즈니스 영역에 새로운 질서를 창출한다. 희망대로 실현이 될지 안 될지는 별개의 문제고, 수많은 사람이 새로운 희망으로서 웹 3.0에 눈을 돌리는 이유는 이러한 패러다임 시프트에 대한 기대 때문이다.

GAFAM과 같은 일부 IT 기업 등의 API Application Programming Interface, 운영체제와 응용프로그램 사이의 통신에 사용되는 언어나 메시지 형식-옮긴이 등을 활용하여 소비자도 정보 생산자가 되는 것이 웹 2.0의 세계다. 이것과는 달리, 일부 기업에 의존하지 않고 블록체인을 API처럼 활용하여 인증이나 결제, 각종 절차 등을 가능케 하는 것. 바로 이것이 웹 3.0의 세계이다.

웹 1.0에서 웹 3.0의 틀을 극단적으로 간략화하여 '지도 서비스'로 치환해서 생각해보자. 웹 1.0은 단순히 지도의 이미지를 그대로 올린 것이었다. 이어지는 웹 2.0은 구글 맵처럼 전지구측위시스템GPS 이나 소비자의 리뷰, 다양한 예약 서비스 등이 더해진 지도 서비스다. 웹 3.0은 그것에 더해 블록체인을 활용함으로써 결제나 토지 등기까지도 관리자 없이 할 수 있게 된 지도 서비스다. 이렇게 상상해 보면 이해하기 쉬울지도 모르겠다.

은행 영업점이 사라진다

블록체인 기술을 응용할 수 있는 곳은 암호화폐의 세계만이 아니다. 플랫폼의 모습도 당연히 크게 변화할 것이다. 블록체인을 활용하여 데이터를 분산 관리하는 네트워크가 구축된다면, 일상생활을 둘러싼 다종다양한 서비스가 지금보다 현저히 효율화할 것이다. 가령 지자체가 관리하는 각종 증명서를 굳이 영업시간 내에 관공서에 떼러 가는 수고가 없어진다. 블록체인 시스템을 이용하면 증명서 데이터를 올바르게 인증하는 일이 더욱 효율적인 형태로 가능해지기 때문이다. 각종 증명서나 부동산, 무역, 금융기관의 절차 등도 마찬가지다. 왼

쪽에서 오른쪽으로 서류를 확인하고 넘기는 단순 업무는 웹 3.0의 세계에서는 점차 자취를 감출 것이다. 물론 보안 면에서 말하자면 해킹 위험이 아예 없지는 않다. 그러나 문제점을 해결할 때마다 보안 시스템은 더욱 강화될 것이다.

웹 3.0의 세계가 실현된다면 다양한 업무가 혁신적으로 변할 수밖에 없다. 특히 절실한 존속 위기에 놓인 것은 금융기관이다. 블록체인이 널리 일반적으로 보급되면 '통화를 중개'하는 은행의 존재 의의 자체를 근본부터 따져야 하기에 이는 필연적인 흐름이다. 지금 역 앞에 즐비한 은행 영업점은 가까운 미래에 사라질 가능성이 크다. 스마트폰이나 그것을 대신할 디바이스가 손안에 있다면 누구나 금융 서비스에 곧바로 접근할 수 있기 때문이다. 인터넷 은행이나 인터넷 증권을 일상생활에서 활용하는 사람이라면 실제 영업점이 없어도 딱히 문제가 없다는 사실은 체감으로 이미 알고 있을 터이다. 그 시장 규모도 급격히 확대되고 있다. DeFi를 통한 거래량이 급증하고 금융청이나 일본은행도 조사 보고서를 적극적으로 발행하고 있다.

1인 1표 시대의 종말?

선거 형태 또한 블록체인에 의해 바뀔 가능성이 크다. 생체 인증이나 블록체인을 활용한 인터넷 투표가 가능해지면, 입회인이나 투표장에서 설명하는 일은 당연히 필요성이 적어질 것이다. 지금까지는 준비에 시간과 수고가 걸렸던 국민 투표조차도 적은 비용으로 가능해진다. 그러면 국민 투표를 자주 하게 될지도 모른다. 투표 비용이 적게 들면 유권자의 정치 참여 의욕과 관심도 더욱 높아질 수 있다. 한발 더 나아가면 '1인 1표'라는 표의 배분 자체에도 재고의 여지가 생길지도 모른다. 가령 '복지 분야라면 전문지식과 견해를 지닌 OO에게 내 표를 던져야지' 싶은 오피니언 리더가 생겼을 때, 그 사람에게 자기 표의 일부, 가령 0.5표를 주는 등, 지금까지 없었던 투표 형태도 언젠가 현실이 될지도 모른다.

나이에 따라 투표권에 가중치를 부여하는 시스템도 가능할 것이다. 백세까지 산다는 전제에서, 투표자의 연령이 60세라면 100에서 연령을 뺀 40포인트를 가산하고 20세라면 80포인트를 가산하는 것, 즉 연령 포인트에 의해 정책의 영향을 더 오래 받으며 살아갈 유권자의 민의가 쉽게 반영되게 하는 시스템을 마련할 수 있다는 이야기다. 물론 실현되기 위해서는 젊은 세대가 올바르게 현 상황을 인식하고 선택지를 파악해 두는 것이 필수겠지만 말이다. 지역별로 대표를 뽑는 것이 아니라 연령층이나 직업별로 대표를 뽑는 일도 블록체인을 이용한 인터넷 투표라면 못할 이유가 없다.

웹 3.0과 민주주의 시스템

이처럼 다양한 투표 시스템이 발전하여 궁극적으로는 각 분야에 최적의 인재를 자동으로 뽑을 수 있는 시스템이 마련된다면 이미 신진대사를 확보한 셈이다. 따라서 애초에 기존 형태의 선거 자체가 불필요해질 가능성조차 충분히 있다. 우리는 무엇을 위해 선거하는가? 국민의 의사를 고려하여 국가, 혹은 지자체가 더욱 올바른 의사 결정을 하기 위함이다. 그 의사 결정을 실현할 수 있는 신기술이 도입된다면 선거라는 기존 시스템을 고집할 필요도 없어질 것이다. 민주주의가 탄생한 고대 그리스나 로마에는 당연하지만 블록체인과 같은 기술은 없었다. 그렇기에 현재의 민주주의 모델이 확립된 것이다.

웹 3.0은 현시점에서는 '유행어'로서 보급되는 측면이 커서인지 최근에는 현직 정치가가 '국가가 웹 3.0을 적극적으로 추진하자'고 공공연하게 말하는 모습도 종종 보인다. 하지만 웹 3.0의 기반을 이루는 기술은 '탈중앙집권적'인 성질을 지니는 블록체인이다. 즉 웹 3.0을 추진한다는 말은 현재와 같은 정부가 국가의 중추에 위치하는 중앙집권적 시스템과는 전혀 다른 모습으로 만든다는 얘기가 된다. 웹 3.0의 본질을 이해한 사람이라면, 이런 전개는 쉽게 상상할 수 있지 않을까.

어쩌면 웹 3.0의 유행의 연장선상에서 우리는 가까운 미래에 '민주주의란 무엇인가'라는 커다란 명제에 마주하게 될지도 모르겠다. 웹 3.0 그 자체는 애매한 개념이지만 새로운 기술에 도전하려는 자세는 의미가 있다. 그것을 거울로 삼아 정치와 정부의 현실을 비추어 봄으로써 보이는 과제도 있을 것이다.

2장

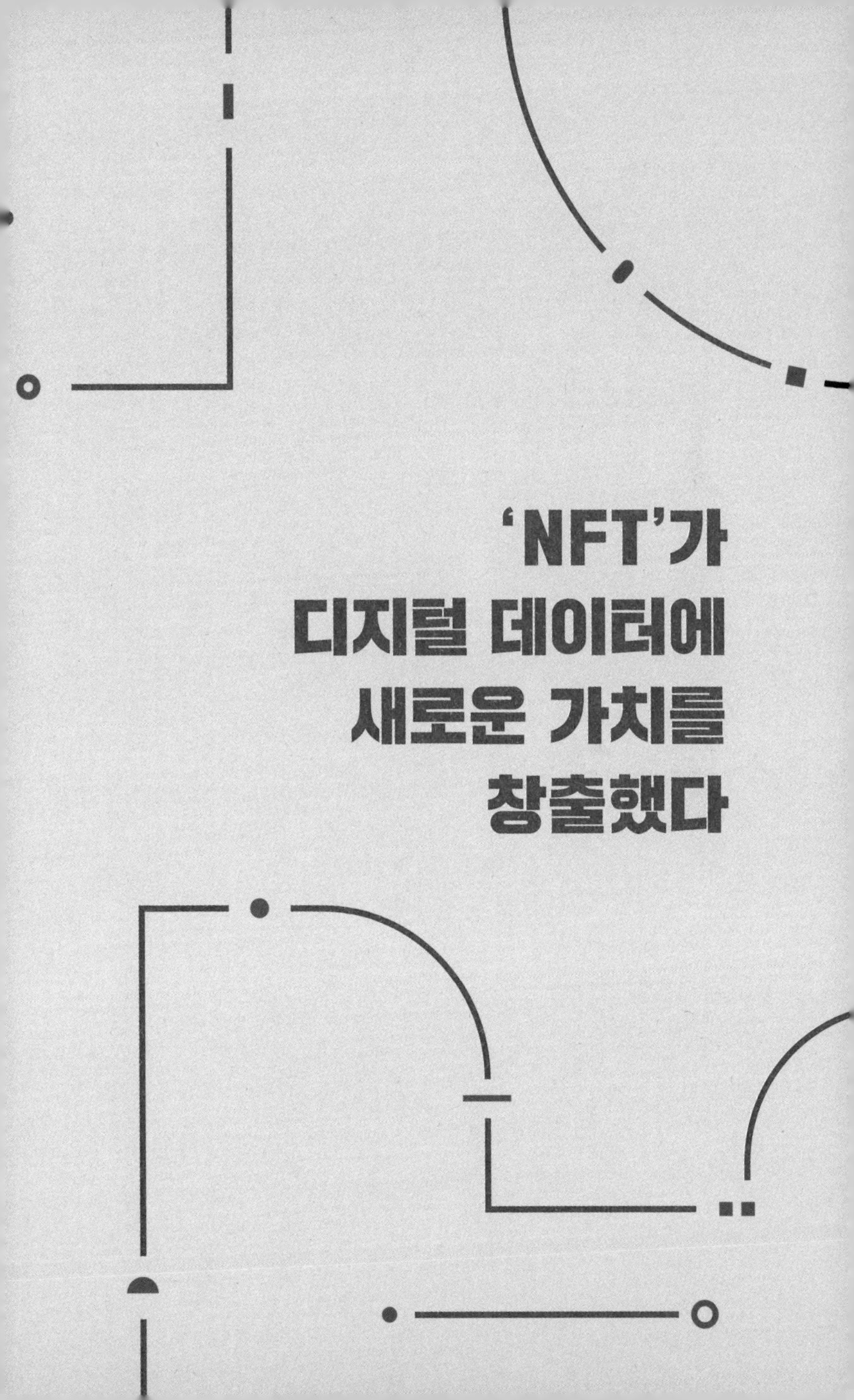

'NFT'가 디지털 데이터에 새로운 가치를 창출했다

NFT의 최대 특징은 희소성을 만드는 것

1장에서는 웹 3.0의 핵심인 확실한 기술, 블록체인에 관해 살펴보았다. 2장에서는 블록체인의 활용법 중 하나로서 주목받고 있는 'NFT'에 대해 설명하려 한다. NFT는 'Not-Fungibl Token'의 머리글자를 딴 것으로, '대체 불가 토큰'으로 번역된다. 토큰이란 간단히 말하자면 '표'다. NFT는 블록체인을 활용한 위조나 복제가 어려운 감정서나 인증서만든 사람을 나타내는 서명 같은 것를 뜻한다. 하지만 아무래도 단어만으로는 뜻을 파악하기 어려울 테니 차근차근 설명하겠다.

1장에서도 말했듯이 블록체인이란 수정이 매우 어려운 데이터베이스 기술의 한 종류이다. 같은 데이터를 여러 컴퓨터에 분산하여 관리하고 신규 데이터를 그들 여러 컴퓨터가 인증하도록 하여 수정을 매우 어렵게 만드는 시스템이다. 2008년에 암호화폐 '비트코인'이라는 아이디어가 탄생했고 그것을 실현하기 위한 시스템으로서 생겨난 것이 블록체인이었다. 비트코인과 같은 암호화폐도 토큰의 일종이기는 하지만 대체성이 있으므로 NFT는 아니다. 누가 가지고 있어도 1비트코인은 1비트코인이고, 같은 가치를 지닌다. 아날로그 지폐나 통화도 마찬가지로 대체 가능한 화폐다. 어떤 1만 엔짜리도 가치는 역시 1만 엔이며, 각각의 지폐에 유일성은 없다. 반면에 NFT는 대체 불가능한 디지털 데이터다. 가령 기념 화폐 등은 대체성이 낮다는 이유에서 500엔짜리 동전이 500엔 이상의 가치를 지니기도 한다. 이 예가 참고로 삼기에는 좋지 않을까. NFT는 모든 토큰에 식별 값이라고 불리는 것이 붙기 때문에 대체할 수 없는 고유한 토큰으로서 발행할 수 있다. 일반 디지털 데이터는 구별할 수 없지만 NFT라면 식별자를 통해 판별이 가능한 것이다.

NFT대체 불가 토큰란?

대체성이 있는 토큰	NFT(대체 불가 토큰)
B = B	NFT ≠ NFT
어떤 토큰이든 같은 가치를 지닌다. 따라서 암호화폐가상통화 등으로 쓸 수 있다.	토큰 하나하나에 식별 값이 있다. 복제된 것인지 아닌지 판별이 용이하다.

즉 복사&붙여넣기가 간단해서 확산이 쉽다는 데 가치가 있었던 디지털, 인터넷 세계에 희소성이라는 부가가치를 부여한 것이 바로 NFT다. 실물과 다수의 복사본이 혼재된 디지털 세계에, 희소성을 제공하는 기능이 생겨났다. 이것이야말로 NFT의 획기적인 포인트다. 그리고 현재, NFT의 비대체성과 수요가 상승효과를 일으켜 새로운 가치를 창출할 것으로 기대되고 있다.

고양이 게임을 계기로 NFT 붐이 도래

NFT가 시민권을 얻게 된 계기는 게임이었다. 초기에는 비트코인이나 이더리움과 같은 암호화폐의 기반 기술로 시작된 블록체인이었지만, 점차 응용 영역이 넓어지더니 엔터테인먼트의 세계에서도 쓰이게 되었다. 2017년에 발매된 '크립토 키티즈CryptoKitties'라는 온라인 게임이 있다. 고양이 캐릭터를 매매하여 수집하거나, 교배시켜서 새로운 캐릭터를 만들어내는 게임이다. '다마고치'의 육성 감각과 '포켓 몬스터'의 교환을 통한 묘미, 양쪽 요소를 버무린 재미를 느낄 수 있는 게임이라고 말한다면 이해가 쉬울 것이다.

설정 자체는 매우 단순한 게임이지만 기존 게임과는 다른 점이 있었다. 그것은 블록체인을 이용해 만들어진 게임이라는 것이다. 이 게임을 하려면 플레이어는 암호화폐인 이더리움을 구매해야 한다. 이더리움을 이용해 고양이 매매와 교배, 교환 등을 하여 보수를 늘려나가는 것이다. 고양이의 캐릭터에는 한 마리씩, 블록체인으로 이어진 식별 정보가 기록되어 있기에, 각각이 대체할 수 없는 가치를 지닌다. 즉 NFT다. 이 '크립토 키티즈'가 폭발적으로 인기를 끈 것을 계기로 일부만 알고 있던 NFT를 단숨에 많은 사람이 알게 되었다. 2018년에는 NFT 거래 플랫폼인 '오픈 시OpenSea'가 등장했다. NFT 매매에 관한 디지털 경제권의 플랫폼이 여기에서부터 확대된다.

NBA 경기에 2,270만 엔의 가치가!

게임을 벗어난 영역에서 초기에 NFT로 큰 상업적 성공을 거둔 것은 미국프로농구NBA의 디지털 트레이딩 카드인 'NBA Top Shot'이다. 'NBA Top Shot'는 지금까지는 물건으로서 실체가 있던 트레이딩 카드를 디지털화하여 블록체인을 응용함으로써 '단 한 개'라는 희소가치를 부여한 디지털 트레이딩 카드다.

이 서비스를 운영하는 회사는 앞서 고양이 게임인 '크립토키티즈'의 운영사인 대퍼랩스Dapper Labs다. 'NBA Top Shot'에는 NBA 선수가 경기를 펼치는 약 15초의 영상이 들어 있는데, 신용카드를 가진 사람이라면 누구나 쉽게 온라인으로 구매할 수 있다. 인터넷 쇼핑하는 느낌으로 누구나 구매할 수 있는 디지털 트레이딩 카드는 NBA 팬들 사이에 삽시간에 퍼졌다. LA 레이커스의 르브론 제임스 선수가 원핸드 덩크슛을 넣는 슈퍼 플레이 영상은 약 2,270만 엔이라는 고가에 낙찰되어 뉴스가 되었다. 참고로 제임스 선수는 'NBA의 왕'이라는 별명이 있으며, 미국 스포츠 미디어인 '스포티코SPORTICO'의 조사에서 세계 운동선수 수입 랭킹2022년판 1위를 차지했다.

NBA는 이전부터 디지털 기술 도입에 적극적이기는 하지만, 'NBA Top Shot'은 그 계획이 훌륭하게 맞아떨어진 예라고 할 수 있으리라. 미국 '포브스'가 선정한 블록체인 분야의 유력 기업 50개인 '블록체인 50' 2021년 판에도 NBA는 유일한 스포츠 단체로서 이름을 올렸다.

수천만 엔이 움직이는 스포츠 컬렉터블의 세계

'15초 정도의 짧은 동영상에 왜 수천만 엔이나 되는 거금을?' 이렇듯 놀라는 분도 있을지 모르겠다. 그러나 이는 NBA만의 특별한 이야기가 아니다. 야구를 좋아하는 사람이라면 일본의 프로 야구에 빗대어 생각해 보면 어떤 감각인지 알 터이다. 과거 '미스터 타이거즈'라 불렀던 가케후 마사유키가 라이벌인 에가와 스구루가 던진 혼신의 직구를 때린 명장면에 내 이름을 새길 수 있다면? 황금기의 나가시마 시게오가 굿바이 홈런을 날린 극적인 장면에 내 이름을 새긴다면? 각각의 열렬한 팬이라면 특별한 가치를 끌어내는 심리를 분명 이해할 수 있을 것이다.

과거 『주간 소년점프』슈에이샤에서 연재된 만화에서 탄생한 '유희왕 OCG 듀얼 몬스터즈'라는 트레이딩 카드 게임을 아는가? 어린이 대상의 트레이딩 카드 게임이지만 2011년에는 '세계에서 가장 많은 판매량을 기록한 트레이딩 카드 게임'으로서 기네스북에 등재되었고, 수백만 엔의 가치가 붙은 레어 카드도 있다. 대부분 관심이 없더라도 열광적인 컬렉터에게 수백만 엔이 아깝지 않은 가치가 있다면 그걸로 매매는 성립하는 것이다. 팬, 마니아, 컬렉터라 불리는 사람들이 있는 업계에서는 수집욕으로 고액의 거래가 이루어지는 것은 예부터 지극히 당연한 일이었다. 고미술이나 골동품 세계도 마찬가지 원리다. 그것이 NFT에 의해 디지털 세계에서도 실현되었다고 생각하면 이해하기 쉽지 않을까. 스포츠 컬렉터블의 세계에 NFT를 통한 새로운 형태가 탄생한 것이다.

일본의 프로야구에서도 공식 디지털 트레이드 카드 탄생

일본의 스포츠 리그에서도 NFT 사업은 이미 시작되었다. 프로야구 퍼시픽리그의 6구단의 공동 출자회사인 '퍼시픽리그 마케팅PLM'은 메루카리일본의 중고거래 플랫폼 - 옮긴이와 연계하여 NFT 사업에 발을 들였다. '퍼리그 Exciting Moments β'라고 이름 붙인 새로운 서비스에서는 퍼리그 6구단의 경기 영상에서 고른 명장면 등의 동영상 콘텐츠를 수량 한정으로 판매하고 있다. PLM에서 기술 자문을 했던 나도, 일본의 스포츠 리그 첫 시도인 이 작업에 론칭 전부터 관여해 왔다.

가까운 미래는 야구장이나 스타디움 내에 NFT 보유자 한

정 영역을 마련해 입장 시에 월렛암호화폐 지갑–옮긴이 으로 인증하는 등 NFT를 '회원권' 대신 사용하는 방법도 도입할 수 있다.

DeNA일본의 IT회사–옮긴이 도 NFT를 활용하여 개발한 디지털 무비 컬렉션 서비스 'PLAYBACK9'에서 요코하마 DeNA 베이스타스의 경기 장면 동영상을 컬렉션할 수 있는 서비스를 개시했다. 사이타마 세이부 라이온즈, 한신 타이거즈 등 각 구단도 속속 NFT 서비스 구축에 힘쓰고 있다. 라쿠텐 그룹도 스포츠나 음악, 애니메이션 등을 포함한 엔터테인먼트 영역에서 유저가 NFT를 발행, 판매할 수 있는 플랫폼 'Rakuten NFT' 개발을 추진하고 있다. 코로나19 감염 확산의 영향으로 관객 수를 제한해야 했던 스포츠 업계에서 NFT 비즈니스는 새로운 수입원으로 부상했다. 일본의 스포츠 업계도 NFT를 사용함으로써 구장 밖에서 팬과 새로운 소통 방법이 생길 수 있는 여지가 크리라 본다.

스포츠에 특화된 NFT 마켓 플레이스도

일본 국내의 스포츠와 관련해서 말하자면, 2022년 2월에는 스포츠 동영상 스트리밍 서비스를 제공하는 'DAZN'이 mixi와 손잡고 스포츠에 특화된 NFT 마켓 플레이스 'DAZN MOMENTS'를 개설한다고 발표했다3월에 베타 서비스 개시. 최근 mixi는 스포츠 미디어를 매수하거나 FC도쿄를 자회사화하는 등 스포츠 사업에 힘을 쏟고 있다. 스마트폰 게임이나 SNS로 키운 유저와의 커뮤니케이션 노하우를, 스포츠 사업에도 활용해 나갈 여지가 있다. PLM과 메루카리, DAZN과 mixi, 양쪽 모두 대퍼랩스의 차세대 블록체인 'Flow'를 기반으로 개발을 진행하고 있다. 모두 미래에는 유저 간 매매2차 유통를 통해 NFT의 발행자에게도 이익이 환원되는 시스템을 만들어가는 것도 목표 중 하나일 것이다.

NFT가 비즈니스가 되는 것은 열광적인 팬이 일정 수 있는 영역이다. 열성적인 팬의 수집욕을 어떻게 유발해서, 어떻게 깊이 관여할 것인가. 어떻게 신규 팬층을 확대해갈 것인가. 그러한 인게이지먼트 시점에서 NFT를 시험적으로 도입하는 기업은 향후 더욱 늘어날 가능성이 크다.

단 NFT의 장점만을 강조하는 무책임한 사람들의 선동으로 사기가 판을 치는 바람에 지속성이 사라질 가능성도 적지 않다. 향후 몇 년의 동향에 따라 유행을 넘어서 정착할지, 아니면 일과성으로 끝날지 판단할 수 있으리라.

현실에서는 신을 수 없는 가상 스니커의 인기몰이

대형 스포츠 브랜드 업계에서도 NFT 관련 사업을 전개하고 있다. 나이키는 2021년 말에 CG 스니커 등의 가상 패션을 전개하는 스타트업 회사 'RTFKT'를 매수했다. 가상공간에서 아바타가 '실제' 나이키 스니커를 신을 수 있는 시스템 정비도 시작했다. 3D 모델링을 하면 쉽게 복제품이 만들어지는 가상공간이기에 희소성의 가치를 우선 드러냄으로써 자사의 브랜드를 지키려는 시도로 보인다. 또한 2022년 4월부터 첫 NFT 스니커 컬렉션 'RTFKT x Nike Dunk Genesis CRYPTIKICKS'의 판매를 개시했다.

가상공간에서 착용할 수 있는 슈즈 컬렉션 가격은 한 켤레당 약 42만 엔부터다. 현실 세계에서는 신을 수 없는 가상 스니커라도 소유, 수집하는 것이나, 향후 다른 사람이 고가로 매수하리라는 데 가치가 매겨지는 것이다. 이미 유통시장제이차시장도 급격히 확대되어, 마켓 플레이스에서는 희귀한 가치가 있는 아이템이 고가로 거래된다. 마찬가지로 대형 스포츠용품 회사인 아디다스도 처음으로 NFT 컬렉션 약 3만 점을 발매하자, 직후에 완판되어 약 26억 엔 상당의 매출을 올렸다. 특전으로서 아디다스의 메타버스 공간 입장권과 한정 상품을 곁들인 것도 유저에게 신선하게 받아들여진 것이다.

최근에는 재택근무 보급 등도 영향을 주어 리얼대면로 만나서 이야기하기보다는 SNS나 챗 툴 등으로 대화하거나, 상대방의 근황을 파악하는 사람들이 세대를 막론하고 늘고 있다. 실제보다 가상의 커뮤니케이션으로 보내는 시간이나 비중이 더욱 커진 것이 가상공간에서 사용하는 아이템에 대한 니즈를 키우고 있는 셈이다. 메타버스에서 아바타가 착용하는 옷이나 굿즈 등을 제공하는 서비스는, 그 생태계에 사람이 계속 모여들면 앞으로 더욱 늘어날 가능성이 있다. 레어 굿즈를 입은 아바타일수록 메타버스 안에서의 지위가 올라가는 현상이 일어날지도 모른다.

SNS의 프로필 사진을 NFT로 설정할 수도

메타버스의 확대와 NFT의 보급은 곧잘 함께 묶어서 논의된다. 그 전에 NFT로 가는 더욱 친근한 입구로서 SNS의 프로필 이미지를 NFT 아이콘으로 설정하는 방법이 있다.

트위터는 유료 서비스인 'Twitter Blue'의 프리미엄 기능 중 하나로서 육각형의 NFT 아트로 프로필 사진을 꾸미는 서비스를 제공하고 있다

가령 최근 트위터에서 프로필 사진이 육각형으로 표시되는 계정을 본 적은 없는가? 기본인 원형이 아니라 육각형의 실루엣으로 표현되는 프로필 이미지는 NFT라는 사실을 드러내는 것으로, 희소성의 증명이다. '이 계정의 프로필 사진은 NFT다'라는 사실을 한눈에 다른 유저에게 어필할 수 있다는 것이, 트위터라는 커뮤니티에서 일종의 지위로 기능하고 있다. 공개형 그룹 기능 '오픈 챗' 등 다양한 커뮤니케이션의 모습을 모색하고 있는 LINE도 NFT 사업을 시작했다.

2022년 4월부터 시작된 NFT 마켓 플레이스 'LINE NFT'는 LINE 유저라면 누구나 쉽게 계정을 만들 수 있고, 100종 이상의 NFT 중에서 자신이 좋아하는 콘텐츠를 구매하여 프로필 화면으로 설정할 수 있다. 구매 후에는 친구와 교환하거나 매매할 수도 있다. LINE이 운영하는 블록체인 'LINE Blockchain'상에서 발행된 NFT를 사용하므로 가스요금이용 시의 거래 수수료은 무료다. 구매한 NFT를 친구와 서로 보낼 수도 있기에 블록체인 지식이 없는 유저라도 쉽게 거래할 수 있는 서비스다.

'이동이나 놀이로 돈을 버는 것'은 주의하자

또한 NFT의 디지털 스니커를 애플리케이션에서 취득한 후 현실 세계를 걷거나 이동함으로써 게임 토큰을 버는 라이스타일 애플리케이션이 일본에서도 주목받고 있다. 스마트폰의 GPS 기능을 연동시킴으로써 걸은 거리나 걸음 수 등에 따라 암호화폐를 얻을 수 있는 'Move to Earn 이동하면서 돈을 버는 게임' 이라는 콘셉트는 앞으로도 엔터테인먼트 영역에서는 확산될 가능성이 있다.

비슷한 콘셉트 중 하나로 'Play to Earn 놀면서 돈 버는 게임'이라는 블록체인을 사용한 게임도 있다. 기존 게임은 그 가상

공간 안에서만 노는 것이 목적이었다. 그러나 Play to Earn의 게임은 배틀의 보수 등을 토큰이나 NFT로 획득하고, 그것을 팔면 실제 게임 밖 세계에서도 돈으로 사용할 수 있다는 점이 포인트다. 다만 플레이하기 위해 초기 투자가 필요하다거나 초기에 유저에게 입금받은 금액을 단순히 다른 플레이어에게 배분하는 일은 이른바 폰지 사기투자 사기다. 제대로 된 곳이라면 광고나 데이터를 활용한 비즈니스 등도 겸하기에 그것을 통해 낸 수익을 배분해야 한다. 만약 새로 뛰어든다면 조심하도록 하자. 돈을 벌려다가 큰 손해를 볼 수도 있기 때문이다.

75억 엔의 NFT 아트가 세계에 준 임팩트

예술 분야 또한 NFT 활용이 활발히 진행된 영역이다. 2021년 3월, 국제적인 옥션 하우스인 '크리스티즈'에서 디지털 아티스트 Beeple의 NFT 아트 작품 'Everydays: The First 5000 Days'가 6,935만 달러약 75억 엔라는 파격적인 가격에 낙찰되어 일약 세간의 주목을 받았다. 현재의 아티스트 중에서는 제프 쿤스의 조각 작품 〈래빗〉의 9,107만 달러, 데이비드 호크니의 그림인 〈예술가의 초상: 두 인물이 있는 수영장〉1972의 9,031만 달러에 이은, 역대 3위 낙찰가이자, 온라인 한정 옥션에서는 사상 최고가를 기록하는 역사적인 사건이 되었다. 이 뉴스를 듣고 처음 'NFT가 뭐야?' 하며 처음 NFT의 존재를 알게 된 사람도 많을 것이다. 〈Everydays: The First 5000 Days〉는 이름 그대로, 작가가 매일 만들어 트위터에 올린 작품을 모은 디지털 콜라주다. 총 5,000점의 작품으로 만들어졌기에 한 점당 평균 150만 엔이라는 계산이 나온다.

250년 이상이라는 역사를 지니는 전통 있는 옥션 하우스가 디지털을 활용하여 새로운 마켓에 진출한 것. NFT화되어 '희소성'을 지니게 된 디지털 아트 작품이 역대 3위라는 이례적으로 높은 가격에 낙찰된 것. 크리스티즈 작품이 75억 엔에 낙찰된 뉴스의 포인트는 이 두 가지다. 아트는 물론, NFT 등의 최신 기술에 흥미가 없는 사람들에게도 커다란 임팩트를 준 이 뉴스는 NFT에 대한 인지를 일반층으로 확산시켰다는 의미에서 큰 역할을 했다.

매치펌프였던 측면을 빼면?

다만 〈Everydays: The First 5000 Days〉의 75억 달러의 임팩트는 낙찰자가 세계 최대 NFT 펀드 'Metapurse'의 창립자였다는 점을 고려하면 순수히 아트로서만 평가되었다고는 단언할 수 없을 것이다. NFT 붐의 기폭제가 된 한편, 이 거래 자체에 매치펌프マッチポンプ, Match Pomp는 일본식 외래어로 자기가 성냥(Match)으로 불을 붙인 후, 스스로 펌프(Pomp)를 돌려 불을 끄는 행위로서 위선적 행위를 일컫는 말 – 옮긴이의 측면도 있었다는 사정을 배제한 채 NFT 비즈니스를 냉정하게 바라봐야 한다. 향후 정착이 된다면 예술과 NFT의 궁합을 가늠할 수 있을 것이다. 디지털 아

트 자체는 복제하려고 마음먹으면 얼마든지 가능하지만 NFT화되면 복제를 구별할 수 있다. 해당 NFT에 관련된 사람을 한정할 수도 있다.

또한 실물 아트는 위작이 만들어지거나 감정서가 위조되는 등의 가능성이 아예 없다고 할 수 없지만, NFT 아트는 콘텐츠 소유자나 매매 이력을 쉽게 남길 수 있으므로 업로드 등의 과정에서 확인만 잘 이루어진다면 위작 여부를 더욱 손쉽게 판단할 수 있다. 그리고 월렛을 개설하고 NFT 마켓 플레이스의 계정을 만들면 누구나 쉽게 구매, 매매를 시작할 수 있다. 이렇듯 진입 장벽이 낮다는 것도 특징 중 하나다. 언젠가는 OpenSea 등의 NFT 마켓 플레이스가 화랑이나 아트 갤러리를 대신할지도 모른다.

하이브랜드 × NFT의 이색 조합

의외의 곳에서는 세계적인 럭셔리 브랜드인 '티파니'가 NFT 분야로 본격 참여했다는 뉴스도 화제가 되었다. 티파니는 미국 현대 아티스트인 톰 삭스의 NFT 컬렉션 '로켓 팩토리 Rocket Factory'를 115이더리움약 4,700만 엔에 구매. NFT 시장이 활기를 띠었다.

루이비통도 NFT 사업에 힘을 쏟고 있다. 창업자인 루이 비통의 탄생 200주년을 기념한 프로젝트의 일환으로서 게임 애플리케이션 'LOUIS THE GAME'을 개발했다. 메종의 마스코트인 비비안을 주인공으로 한 이 게임에는 NFT 아트가 서른 작품 포함되어 있고, 그중 열 작품은 Beeple이 제작한 것이라 하니 꽤 힘을 쏟은 듯하다.

또한 구찌도 미국 아트 토이 제조업체 '슈퍼플라스틱'과 협업을 통해 NFT를 발행하고 있다.

발렌시아가, 프라다, 까르띠에 등 오랜 역사를 지닌 브랜드도 각각 NFT 사업에 참여할 것이라고 밝혔다. 각 브랜드 모두 디지털 스니커와 마찬가지로 SNS나 게임의 아바타 등과 친화성이 높은 디지털 패션, 디지털 웨어 시장을 염두에 두고 움직이기 시작한 것이리라.

패션이나 의류 분야에서 NFT 사업은 향후 정착하거나, 아니면 기대치가 너무 높아지자 진절머리 치는 사람들이 많아지면서 사그라지거나, 둘 중 하나일 것이다. 하이브랜드와 게임, 하이브랜드와 NFT라는 조합은 기존의 업계 상식에서는 확실히 벗어나 있지만, 앞으로는 신작 발표회 등에서 NFT와 관련한 이벤트가 하나의 형태로서, 새로움을 과시할지도 모른다.

음악을 한 음씩 잘라 수익화할 수 있다

음악의 세계에도 NFT의 파도가 밀려들었다. 음악가인 류이치 사카모토는 자신도 출연한 영화 〈전장의 크리스마스〉의 테마곡 "Merry Christmas Mr. Lawrence"의 주선율인 멜로디를 오른손으로 친 것을 한 음씩 디지털상에서 분할, NFT화하여 마켓 플레이스인 'Adam by GMO'에서 한 음당 1만 엔에 판매했다. 그러자 해외에서 접속이 쇄도하여 서버가 다운될 정도로 반향은 컸다. 음악가가 자신의 곡을 한 음씩 NFT화하는 시도는 아마도 세계적으로 봐도 드문 시도가 아닐까. 과거 음악 CD에는 한정판이라는 개념이 있었지만, 스트리밍이 주류가 되면서 수익 구조가 크게 변한 지금, NFT는 창작자에게 있어서 새로운 자기표현 및 수익화의 장이 될 가능성이 있다.

음악에 특화된 NFT 플랫폼도 등장했다. 2021년에 저명한 음악가들이 참가하여 개발된 'One Of'는 워너뮤직그룹과 제휴하여 음악 콘텐츠의 NFT화를 적극적으로 추진하고 있다. 또한 매년 미국의 사막지대에서 열리는 세계 최대 규모의 음악 축제인 '코첼라 페스티벌'도 독자적인 NFT 마켓 플레이스를 열고 독특한 열 종류의 NFT 컬렉션을 판매하기 시작했다. 열 종류 모두 코첼라 페스티벌에 평생 참가할 수 있는 '평생 패스포트' 외에도 다양한 특전이 따라온다. 최고 랭킹인 'Infinity Key무한의 열쇠'의 가격은 27만 달러. 코첼라 메인 스테이지 1막의 정면 좌석, 송영 서비스, 프로 셰프가 조리한 식사, 음식 제공권 등이 포함되는 초호화 티켓이다. 이러한 음악 축제에서 NFT 상품을 활용하는 것은 향후 일본도 따라가지 않을까.

만화의 세계에도 NFT의 파도가 밀려들다

일본이 자랑하는 대중문화의 선두라 할 수 있는 만화의 세계에도 새로운 움직임이 일어나고 있다. 대형 출판사인 고단샤講談社는 만화 잡지인 《영 매거진ヤングマガジン》의 새로운 연재 작품을 페이지로 나눠서 NFT화하여 판매하고 있다. 독자가 구매한 페이지의 주인이 되는 새로운 시도에 도전했다.

또한 데즈카 오사무Tezuka Osamu, 일본 애니메이션의 아버지·신 이라고 불리는 일본의 만화가. 일본 만화 업계에 이전과는 다른 패러다임을 제시한 작가다–옮긴이의 만화 작품을 관리하는 '데즈카 프로덕션'은 2022년부터 본격적으로 시동을 건 공식 NFT 프로젝트 'From the

Fragments of Tezuka Osamu(데즈카 오사무의 파편들로부터)'에서 만화 원작을 사용한 디지털 NFT 아트를 판매했다. 그중 순매출의 10%를 유니세프와 일본 어린이를 위한 조직에 각각 기부하겠다고 발표했다.

NFT의 콘텐츠화라는 새로운 축이 태어남에 따라 각 업계의 크리에이터 사이에서 지금까지 없었던 새로운 연결고리가 생겨나고 있다. 판매업계와 NFT의 관련성은 현재, 그 중간을 달리고 있다고 하겠다.

이대로 승승장구할까?
거품으로 끝날까?

이처럼 2021년을 경계로, 수많은 업계에서 NFT 사업에 나선 기업이 단숨에 증가했다. 같은 해, 페이스북이 사명을 '메타'로 변경하고 메타버스의 인기를 지지하겠다는 자세를 명확히 내세운 일도 이와 무관하지 않으리라. 웹 3.0, 메타버스, NFT와 같은 키워드가 자주 들리게 된 것도 이 무렵부터다. NFT 사업은 지금 기세대로 흥할까, 아니면 일회성으로 끝날까. 현 시점에서 점치기에는 이른 감이 있다.

2021년 3월, 트위터 창업자인 잭 도시가 자신의 최초 트윗을 NFT로 판매했는데 291만 달러약 37억 원라는 고액에 낙찰되었다. 누구라도 볼 수 있는 트위터에 있는 트윗 하나에 약 3억 엔의 가치가 부여된 것이다. 하지만 그 약 1년 후, 구매자가 세계 최대 규모의 NFT 마켓 플레이스인 OpenSea에 이 트윗을 출품했지만 최고 입찰액은 고작 약 3만 달러약 380만 엔까지 폭락했다. 너무도 극단적인 가격 붕괴 모습에 NFT에 대한 기대를 접은 기업도 적지 않았을 것이다.

또한 현재는 결제 관련 블록체인의 개발에도 참여하고 있는 잭 도시는 앤드리슨 호로비치에 의해 인공적으로 만들어진 Web 3.0 붐에는 회의적이다. 말이 혼자만 세상을 떠도는 것을 비웃기라도 하듯, 2022년 6월에 분산화 기술을 이용하여 신분을 증명하는 'Web 5.0'이라는 콘셉트를 발표했다.

과연 NFT는 마니아 사이에서 일시적으로 훅 끓어오르는 단계를 넘어서, 더욱 크게 성장하여 일정한 수준에 도달할 것인가. NFT는 이른바 캐즘처음에는 사업이 잘되는 것처럼 보이다가 더 이상 발전하지 못하고 마치 깊은 수렁에 빠지는 것과 같은 심각한 정체 상태–옮긴이을 넘을지 말지 알 수 없는 분기점에 서 있다고, 나는 보고 있다. 크리스티즈에서 75억 엔짜리 NFT 아트 작품이 낙찰된 것이

2021년 3월. 그것으로부터 다양한 업계에 NFT의 붐이 번져갔다. 지금은 겨우 앞길이 보일락 말락 하는 시기가 아닐까.

단, NFT화할 수 있는 콘텐츠를 이미 가지고 있는 기업이나 거물 아티스트들이 신규 가입함으로써 단발적으로 붐이 이는 일은 여러 번 생길지도 모른다. 일단 붐이 가라앉은 듯 보여도 거물이 참가한 것을 계기로 다시 시장이 가열하는 일은 드물지 않기 때문이다.

블록체인 게임 가속화

게임이나 만화, 애니메이션 등 콘텐츠 산업은 일본이 비교적 우위성을 자랑해 온 장르다. 최근에는 미국 넷플릭스 등 해외 OTT 서비스 대기업이 유저 수를 늘리고 있으며, 수익이 일본에 남기 어려운 면이 있지만 과거에는 닌텐도나 소니 인터랙티브 엔터테인먼트 등의 일본 기업이 세계의 게임 시장을 석권하던 시절도 있었다. 대형 게임 개발회사인 '세가'는 마이크로소프트와의 제휴를 발표할 때 NFT 기술을 적용할 수 있는 '슈퍼 게임' 구상에 관해 언급했다. 멀티플랫폼, 글로벌한 다언어 전개, 전 세계 동시 발매, AAA타이틀고액의 비용을 들인 작품 등 네 조건을 만족하는 5개년 계획을 세워 대규모 게임 프로젝트를 진행하고 있다고 밝혔다. 출시 예정은 2024년 이후라고 하며, 자세한 내용은 아직 불명확하지만 AI 기술을 지닌 스타트업 기업과의 협업도 예정되어 있다고 한다. 어떤 형태로 실현될지, 업계 내외에서 주목받고 있다.

또한 세가는 NFT 블록체인 게임 업계 개발 회사로서 2018년에 설립된 'double jump.tokyo'와도 제휴하여 IP지식재산를 활용한 NFT의 글로벌 진출도 추진하고 있다. double jump.tokyo는 반다이나무코, 스퀘어 에닉스와도 NFT 콘텐츠 개발에서의 협업을 하고 있기에, 게임 업계의 블록체인 개발 프로젝트는 향후 더욱 가속되어 갈 듯하다. 한편, 대형 게임회사인 닌텐도는 현시점에서는 약간 가열 기미인 NFT 도입에 신중한 자세를 보이고 있다. 하지만 만약 비즈니스의 기회를 예측하여 만반의 준비를 하고 뛰어든다면 세간의 인지도 크게 바뀔 것이다.

'달의 토지' 매매와 NFT는 닮았다

이처럼, 새로운 유저를 불러들이기 위해서 스포츠에서 팝컬처까지, 온갖 업계가 NFT의 다양한 사용법을 모색하고 있다. 그러나 앞으로는 NFT로 가치를 낼 수 있는 기업과 낼 수 없는 기업으로 길이 갈릴 것이다. NFT 그 자체는 많은 것에 응용 가능성이 있는 기술이지만, 반드시 모든 곳에서 가치를 발휘하는 것은 아니다.

1980년대에 '달의 토지를 파는' 비즈니스가 유행한 적이 있다. 이는 미국 네바다주에 본사를 둔 '루나 에너지'라는 한 기업이 달, 화성, 금성, 수성 등의 지구 권외의 토지를 판매하고 권리서를 발행한 비즈니스였다. 루나 에너지의 사업은 우주 조약이나 법률의 맹점을 찌른 비즈니스일 뿐, 돈을 내고 구매했다고 해서 법적인 권한을 얻는 것은 아니다. 권리서가 발행된다고 해서 그 땅에 건물을 세우고 이주할 수 있는 인류는 현재 한 사람도 없다. 이른바 우주에 대한 꿈이나 로망에 권리서라는 형태를 부여했을 뿐인 비즈니스다. 법적인 틀이 존재하지 않는데 비즈니스로서 성립한다는 의미에서는 '달의 토지' 매매와 NFT는 닮았다.

'달에 내 땅이 있다'고 상상할 때의 두근거리는 기분, 너무도 좋아하는 운동선수의 슈퍼 플레이 영상의 유일한 소유자가 되는 데 자부심을 느끼는 기분, 디지털 스니커를 손에 넣고서 만족하는 기분, 이는 모두 비슷하지 않을까.

팬 비즈니스는 콘텐츠를 만들어 내는 기업이 유리

희귀하고, 그것에 가치가 있다. 그렇게 믿는 사람이 천 명 중 한 명이라도 존재한다면 NFT를 통한 거래에 가치가 발생한다. 다시 말하면 상품이나 서비스의 성질상, 그러한 특성을 지니지 않은 업계에서는 NFT 유행은 일회성으로 그칠 것이다. 한편 솔직히 말하자면 애초에 대량의 유력한 IP를 가지고 있는 대기업이 역시 유리하다는 것은 부인할 수 없다. 출판 업계에서 NFT 활용에 대대적으로 움직이는 회사는 고단샤, 슈에이샤, KADOKAWA 등 모두 대기업이다.

또한 팬비즈니스와 궁합이 맞아야 한다는 점을 생각하면

아이돌이나 코미디언 등 팬과 깊이 소통하는 비즈니스일수록 NFT에 걸맞다. 인기 아이돌 그룹 'SKE48'의 디지털 트레이딩 카드는 그 자리에서 완판되어 화제를 모았다. 요시모토코교도 연예인 이야기를 동영상으로 만든 디지털 트레이딩 카드를 발매했다. 좋아하는 연예인이 담긴 동영상을 손에 넣을 수 있다는 큰 이점이 있다. 이와 같은 발상은 다른 업계에도 적용할 수 있다. 지금까지 키워 온 자산을 어떻게 개발할지는 어디에 착안하느냐에 달려 있다.

팬 비즈니스의 앞날은?

지금과 같은 NFT 붐이 계속 이어지지는 않을 터. 열기가 어느 정도 식으면 결국은 'NFT 기능은 당연한 것'이 되어 흔한 선택지 중 하나가 되어 가리라고 나는 예상한다. 신기술로서의 신선함이 사라지고 유저 수도 포화 상태에 이르면, 거래 활성화가 둔해져서 더 이상의 발전을 기대하기는 어렵게 된다. 현재의 NFT는 대부분 팬 비즈니스이므로 팬이 끊기면 단숨에 가치가 하락할 위험이 있다. 또한 NFT화된 모든 것에 수천만 엔의 가치가 매겨지지는 않는다. 그렇게 비싼 가격이 매겨지는 NFT는 극히 일부, 눈에 띄는 예외다. 거래 가능한 가치를 지닌 것이 무엇인지 판단하는 것도 중요하다. 콘텐츠를 공급하는 쪽과 구매하는 유저, 모두가 이익을 계속 얻고 있는지를 언제나 세심히 살펴야 한다.

다만 금전적인 것은 차치하더라도, NFT의 구조 자체는 다음 장부터 설명해 나갈 DAO나 트레이서빌리티 등과의 조화에 성공하면 응용할 수 있는 길은 아직 많다. NFT 아트 등 NFT화된 콘텐츠 그 자체의 가치보다 그것들을 구매함으로써 얻을 수 있는 커뮤니티 참가권과 프리미엄 쪽에 더욱 큰 가치를 두는 현상이 나타날 수도 있다. 일본에는 유명한 IP를 보유한 기업이 다수 있다. NFT라는 새로운 툴을 기존의 자산에 접목함으로써 중개업자에게 비싼 수수료를 주지 않아도 전 세계의 고객에게 작품이나 제품을 제공할 가능성이 넓어질 것이다. 일본 기업이 세계 시장에서 새로운 수입원을 발견할 가능성은 충분하다.

3장

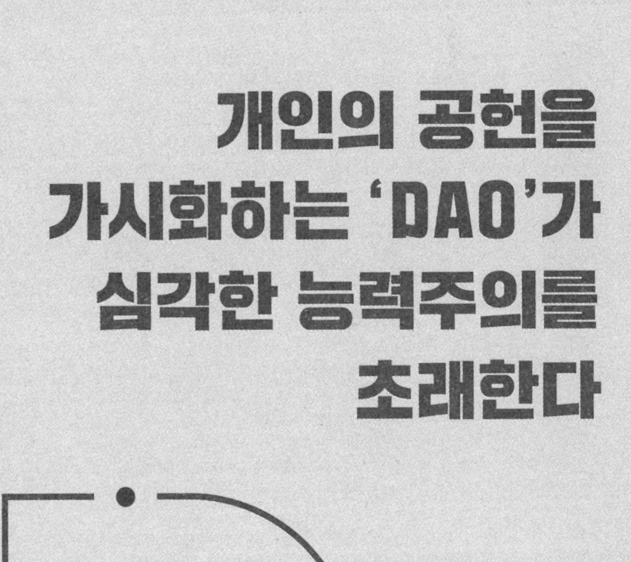

개인의 공헌을 가시화하는 'DAO'가 심각한 능력주의를 초래한다

피라미드형에서 벗어나 모두가 주체적으로 일하는 조직

NFT와 함께 2022년 이후로 갑자기 자주 들리게 된 말이 웹 3.0 관련 유행어 중 하나인 'DAO 다오'다. DAO란 'Decentralized Autonomous Organization' 머리글자를 딴 것으로, 번역하면 '탈중앙화자율조직'이다. 무엇이 '탈중앙'화되고, 어떤 식으로 '자율'적인 존재인지, 여기까지 읽어 온 분이라면 이미 감이 왔을 것이다. ZOZO의 창업자이자 사업가인 마에자와 유사쿠가 2022년 5월 30일에 자신의 트위터에서 "다같이 DAO를 만들어보지 않을래요?" "'웹 3.0'을 검색해 보세요"라고 팔로워에 호소함으로써 처음으로 DAO를 알게 된 사람도 많을 것이다.

3장에서는 '사장'과 같은 경영자가 통솔하는 기존 조직 형태와는 약간 다른, 새로운 협업 형태로서의 DAO에 관해 설명하겠다. DAO를 이해하기 위해서는 주식회사와 비교해 보는 것이 하나의 방법이다.

기존의 조직과 DAO의 차이

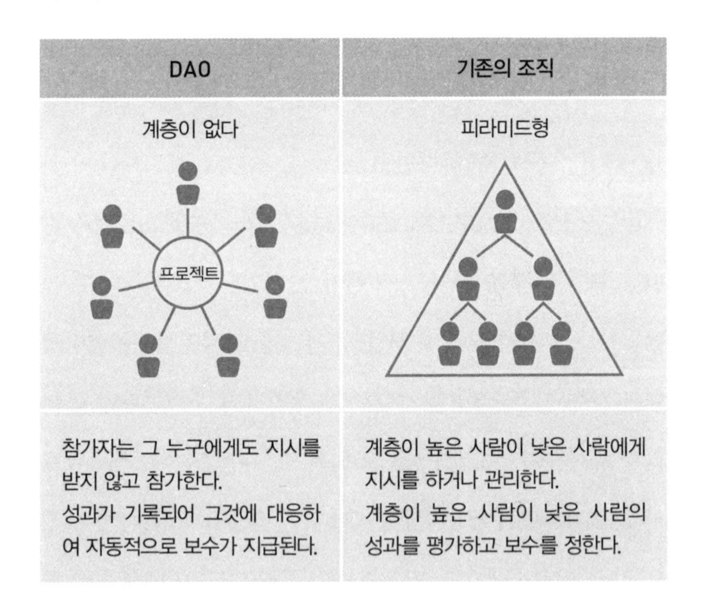

주식회사는 이른바 피라미드형 조직의 전형적인 예다. 맨 꼭대기에 의사결정을 하는 사장이 있고 주주가 경영을 맡긴 이사회가 경영방침을 결정한다. 그러면 그에 따라 사원들이 영업이나 제조, 개발 등 각자의 자리에서 움직인다. '승진'이나 '출세'를 통해 위로 올라갈수록 능력 있는 사람이 되는 구조도, 이 피라미드형 조직이 있기에 실현된다. 그래서 주식회사에는 보수나 오너십소유권이 피라미드의 위쪽에 집중된다는 특성이 있다.

한편, 피라미드형 조직과는 달리 '사장이 없어도 조직은 굴러가고 더욱 효과적으로 가치를 낼 수 있지 않을까?'라는 사고방식에서 탄생한 것이 DAO개인의 자율적인 의사결정으로 운영되는 조직으로, 블록체인 기술과 스마트 콘트랙트(디지털전자계약 시스템) 기술이 활용된다. 의사결정은 자체 발행한 토큰을 보유한 개인의 투표로 이뤄진다. 또한 법률적 지위가 불명확하고, 조직의 모든 의사결정이 투표로 이뤄지기 때문에 비효율성 등의 문제가 발생하기도 한다–옮긴이다. DAO에는 사장도 관리직도 주주도 없다. 이론상으로는 그렇다. 누군가가 지시하는 것이 아니라, 공통의 목적을 위해 모인 멤버끼리 일정한 공통 규칙을 바탕으로 각기 주체적으로 의사결정을 하면서 프로젝트를 진행한다. 주식회사 같은 상하관계가 존재하는 중앙집권형 조직이 아니라, 중심점공통의 목적의 주변에 참가자가 평등하게 '분산'되어 연쇄적으로 움직이는 조직, 그것이 바로 DAO의 특징이다.

블록체인 기술이 DAO를 가능케 했다

그렇다면 이러한 새로운 조직 형태인 DAO가, 왜 웹 3.0의 문맥으로 거론되는 것일까. 그 이유는 DAO의 시스템을 지탱하는 기술 또한 블록체인이기 때문이다. 암호자산이나 NFT와 마찬가지로, DAO의 운영도 블록체인 기술이 있기에 비로소 성립한다. 대부분 DAO는 블록체인의 '스마트 계약'이라 불리는 기능을 사용한다. 참가자는 기여도에 따라 대가로서 토큰을 받는다. 토큰을 법적통화로 환금하여 인출할 수도 있다.

가령 어떤 프로그램을 만드는 것을 목적으로 한 DAO가 있다고 하자. 그것에 참가한 엔지니어는 그 프로그램 속에 자기가 코드를 짤 수 있는 부분을 찾아내어 스스로 판단하고 그 부분의 코드를 짠다. 상사의 지시 등은 없다. 누가 어떤 코드를 짰는지 알기에 그 부분이 다른 멤버에게 좋게 평가받을 경우, 코드를 짠 대가로서 그 엔지니어는 조직 안에서 통용되는 토큰을 받을 수 있다. 물론 코드를 짜는 것 외에도 다양한 역할이 있으므로, 각각 자율적으로 연계할 수 있는 부분을 찾아서 기여 정도에 따라 평가보수를 얻을 수 있는 것이 DAO의 큰 특징이라 할 수 있다. 기여가 가시화되고 정당한 평가보수를 받는 것은 당연한 것이기에 참가자의 인센티브로 이어진다.

비트코인은 DAO와 닮은 형태로 생겨났다

전 세계에 이미 다양한 장르의 DAO가 다수 존재한다. 투자, 미디어, 소셜 커뮤니티 등 다양한 종류의 DAO가 있는데, 지명도 높은 대표적인 프로젝트를 하나 예로 든다면, 역시 암호자산의 시조인 '비트코인'이다. 비트코인은 특정 회사 조직이 개발한 것이 아니다. 사토시 나카모토를 자처하는 의문의 인물혹은 단체인지 불명이 2008년에 암호자산 아이디어를 제시한 논문을 인터넷상에 공개하며 다른 엔지니어에게 개발을 호소했다. 그러자 흥미가 있던 사람들이 뜻을 모아 결집했다. 그 커뮤니티가 자발적으로 DAO와 닮은 협업 조직을 만들었고 비트코인 개발에 성공했다. 당시에도 현재도 비트코인을 관리하는 것은 특정한 관리자가 아니라 전 세계의 비트코인 유저다.

물론 배경이나 경력이 전혀 다른 능력 있는 사람들이 다수 모여 만든 프로젝트이므로 의견 충돌도 셀 수 없이 많았을 것이다. DAO는 평등한 조직 형태인데, 핵심 멤버가 자연히 형성되기도 한다. 비트코인 개발에서는 리더 격인 사람이 앞장서서 프로젝트를 잘 이끌어 나간 측면도 다소 있다. DAO에서는 정보가 공개된 경우가 많으므로 누가 얼마나 기여했는지를 평가하기 쉽다. 한편 시스템으로서는 성별, 경력, 학력, 연령, 거주국 등의 개인 정보를 전혀 공개하지 않은 채 익명으로 참가할 수도 있다. 그러므로 가령 비트코인 작성자인 사토시 나카모토와 함께 일을 한다고 해도 당사자가 정체를 밝히지 않는 한 어떤 인물단체인지 알 수 없는 것이다.

인터넷에 접속할 수 있는 사람이라면 누구나 참여할 수 있다

DAO의 장점을 또 하나 든다면 진입 장벽이 낮다는 것이다. 보통 회사에 입사하기 위해서는 채용 시험이나 입사 면접을 보고 일정한 기준을 충족해야만 한다. 출신 대학 등의 학력이나 학위, 소지 자격증, 직업 경력 등만으로 탈락하는 경우도 많다. 그러나 고용 계약을 맺지 않은 DAO에서는, 인터넷에 접속할 수 있는 환경에 있는 사람이라면 누가 되었든, 국가에 의한 검열 등이 없는 한 어떤 나라에서든 자유롭게 참여할 수 있다. 이는 반대로 말하면 자신의 기여도를 다른 참가자와 차별화할 수 없으면, 보수를 받기 힘들다는 것이다. 고용처럼 일정 기간 재직하는 것만으로 급여를 받는 것이 아니다.

그러나 누군가가 좋은 아이디어를 제안하면 그것에 뜻을 같이하는 사람들이 이론적으로는 전 세계에서 협력한다. 그러한 의미에서 DAO는 인터넷 게시판에 가까울지도 모르겠다. 문득 정신을 차리면 자연 발생적으로 사람들이 모여들어 계속 이런저런 의견을 적어 나간다. 때로는 그중에 유익한 정보를 제공해 주는 전문가가 나타나기도 한다. 정보를 제공해 주는 사람부터 초대받지 않은 손님까지 모든 사람이 타인라 인상에서 교류하는 트위터와도 닮았다. 공개된 시스템이 가시화된 장소에서 지혜를 모으고, 가능한 한 불협화음을 없앤 채 프로젝트의 성공에 의미를 느낄 수 있는 사람이 모일 수 있는 것 또한 DAO의 큰 매력이다.

러시아의 우크라이나 침공으로 DAO도 주목받았다

풋워크의 가벼움도 또한 DAO의 이점이다. 2022년 2월, 러시아가 우크라이나를 침공한 불과 며칠 후에는 우크라이나에 대한 지원을 표명한 'Ukraine DAO'가 출범했다. 우크라이나에서 고통을 받는 사람들을 구하기 위해서 우크라이나의 시민 단체에 기부하기 위한 자금을 모으는 것을 설립 목표로 내건 Ukraine DAO는, 자금을 모으는 수단으로서 우크라이나 국기를 NFT화하여 옥션에서 판매하여 72시간 만에 총 2,258이더리움약 67만 달러, 약 7억 8,000만 엔을 모았다.

Ukraine DAO에서 지원하면 참가했다는 증거로서 기부액에 비례하여 독자적인 토큰인 'LOVE Token'이 주어진다. 이 토큰은 환금할 수 없기에 실용성은 전혀 없지만 우크라이나 지원에 대한 공헌을 증명하는 확실한 표식이다. 비즈니스의 문맥으로만 거론되는 일이 잦은 DAO나 NFT, 암호자산. 그러나 이들은 모두 인도적 지원을 위한 도구로서 이미 큰 존재감을 드러내고 있다. 불과 72시간 만에 약 8억 엔이 모인 조달 액수와 속도에 자칫 시선을 빼앗기기 쉽지만, 그 이상으로 DAO가 연대 사상을 드러내는 도구로서 기능한 공적은 크다.

또한 침공으로부터 약 한 달 후, 우크라이나의 미하일로 페도로프 부총리는 러시아에 의한 침공을 테마로 한 NFT를 발행하여 그 수익을 군과 시민을 지원하는 데 쓰겠다고 공표했다. 앞으로도 분쟁이나 테러, 자연재해 등이 일어났을 때 피해자를 지원하는 수단으로서, 그리고 피해자에게 진짜로 자금이 지원되는지를 확인하는 도구로서 DAO의 존재 의의가 발휘될 여지는 크다.

일론 머스크의 친동생도 자선 활동 DAO를 설립

2021년 말에는 테슬라와 스페이스X#의 수장인 일론 머스크의 친동생이자 테슬라의 이사이기도 한 킴벌 머스크가 'Big Green DAO'라는 이름의 탈중앙화 자선 활동 플랫폼을 설립하겠다고 발표했다. 식료 격차의 시정을 목표로 하는 푸드 저스티스 운동이나 환경 재생형 농업에 힘쓰는 비영리 단체 'Big Green'의 활동을 DAO화하려는 새로운 시도다. 실험 기간은 2021년 11월부터 2022년 9월까지를 예정으로 하고 있다. 파트너를 모집, 선정하여 거버넌스 토큰DAO에서 사용되는 암호자산을 이용함으로써 의사결정을 해 가는 것. 아직 구체적인 활동은 들리지 않고 있지만, DAO의 거버넌스 구조를 자선 활동에 응용하는 일례로서 향후의 동향을 주목해야겠다.

새로운 조직 형태인 DAO의 다섯 가지 장점

지금까지 소개해 온 사례를 바탕으로 DAO의 특징을 정리해 보자. 기존 조직 운영과는 다른 DAO의 특징과 그것에서 파생되는 이점은 다음과 같이 정리할 수 있다.

① 평등한 조직 운영

'거버넌스 토큰'이라는, 권리가 부여된 토큰을 보유하면 투표 시스템 등을 통해 누구든 평등하게 의사결정에 참여할 수 있다. 또한 소유권과 보수가 분산되도록 궁리하면, 특정한 상위층에만 권력이나 의사결정이 편중되는 일을 줄일 수 있다.

② 오픈 액세스

제한 없이 인터넷으로 접속할 수 있는 환경이라면 누구나 DAO의 거버넌스 토큰을 보유하고 의사결정에 관여할 수 있다. 시험이나 면접이 필요 없고 전 세계 누구나 참여할 수 있다. 물리적인 장소에 속박되지 않기에 전 세계에서 사람을 모을 수도 있다. 자신의 전문성을 살려서 활동할 수 있는 것도 이점이리라.

③ 투명성

DAO의 거래는 블록체인으로 설정된 '스마트 계약'이라는 기능에 의해 자동적으로 실행된다. 또한 의사결정이나 투표는 모두 공개된 장소에서 이루어지면 이력이 기록된다. 따라서 운영상 투명성이 높아서 부정이 일어나기 어려운 구조는 DAO의 큰 특징이다.

④ 익명성

언뜻 보기에 '투명성'과 모순되는 듯하나 DAO는 익명성도 인정되기에 실명, 성별, 연령, 국적을 밝히지 않아도 익명인 채로 참여할 수 있다. 신분을 증명하는 것이 대전제인 주식회사에서는 있을 수 없는 일이다. 겉으로 보이는 것은 오직 '월렛'토큰을 거래하기 위한 가상 지갑 뿐이다.

⑤ 신속한 활동 가능성

회사나 프로젝트를 세우려고 하면 다양한 절차와 비용이 발생한다. 그러나 DAO라면 부서 간 물밑작업 등을 생각할 필요가 없다. 생각이 떠오르면 신속하게 신규 사업을 일으킬 수 있고 설립 비용도 매우 적게 든다. 자금 조달도 신속하게 이루어지므로 스타트업 기업이 외부를 끌어들여 프로젝트를 진행할 때도 활용할 수 있다. 또한 하나의 DAO뿐 아니라 다양한 DAO 프로젝트와 커뮤니티에 복수 참가하는 것이 다수파다.

이러한 DAO의 가능성에 눈을 돌리면 조직뿐 아니라 개인의 일하는 방식에 대해서도 향후 생각하게 만드는 부분이 있다.

DAO의 단점과 우려되는 점은?

물론 앞서 말한 DAO의 특징에 의한 이점이 단점으로 뒤바뀌는 일도 있다. 조직에서는 다수결로 결정하기보다는 우수한 리더가 독단으로 의사결정을 하는 편이 결과적으로 잘 풀리는 때도 있을 것이다. 전통적인 기존의 조직 운영에 익숙한 사람은 리더의 지시 없이 자율적으로 움직이는 데 불안을 느낄 수도 있다. 개인의 기여도가 가시화되기에, DAO는 개개인의 능력을 엄격하게 판단하는 능력 사회를 의미한다.

또한 생겨난 지 얼마 안 되는 조직 형태이기에 각국의 법률이 전혀 따라오지 못하고 있다. 서비스가 해킹되고, 거버넌스 토큰을 독과점하는 등 예측 못한 사태나 위험을 어떻게 대비해야 하는가 하는 점도 아직 충분히 논의되지 못한 것 같다. 애초에 프로젝트를 세세한 태스크로 나누지 않으면 참가자는 자신이 어디에 어떻게 기여할 수 있는지를 판단하는 일이 어려울 것이다. 또한 조정 역할이나 매개 역할이 기능하지 않을 때, 참가자가 각자의 의사로 자유롭게 움직인 결과로서 혼란을 초래할 여지도 있다.

최대의 난관은 암호화폐 보유율

그리고 현시점에서 가장 큰 문제점이 있다. 바로 참여자가 암호자산에 흥미 있는 사람에 편중되어 있다는 점이다. 앞서 말한 바와 같이 인터넷에 접속할 수 있으면 누구라도 참여할 수 있는 것은 사실이지만, 대부분 DAO에서는 암호자산의 송수신이나 관리를 하기 위한 '메타마스크' 등의 월렛 애플리케이션을 이용할 수 있어야 토큰을 보유할 수 있다. 그러나 일본에서 암호화폐 보유율은 2021년에 1.7%로 매우 낮은 수치였다노무라종합연구소 '생활자 1만 명 설문 조사' 참조. 이는 FX외환거래의 1.4%보다는 높지만, 주식의 13.5%, 투자신탁의 11.9%와 비교하면 명백히 낮은 숫자다.

또한 해외 DAO에 참가한다면 어느 정도 영어 실력이 역시 필요하다. 아마도 수많은 일본인에게 이 지점이 참가에서 장벽으로 작용하지 않을까. 앞으로 무언가가 계기가 되어 불이 붙어 지극히 보통의 일반인이라도 암호자산 월렛을 소유하는 것이 당연한 시대가 된다면 단숨에 진입 장벽은 내려갈 것이다. 단, 현시점에서는 세간의 인지는 거기까지 이르지 못하는 상황이라 지극히 일부만이 열광하는 것이 실상이다.

DAO를 '법인'으로 인정하는 나라도 등장

그러나 해외로 눈을 돌리면 DAO를 '법인'으로 인정하는 나라도 나타났다. 2022년 2월, 이전부터 블록체인 분야의 도입에 힘을 쏟았던 태평양 섬나라 마셜제도 공화국이 DAO를 법인으로서 정식 승인하도록 법을 개정했다. 국가가 법인으로서 DAO를 승인하는 것은 이것이 세계 최초다. 이 법 개정에 따라 이 나라에서는 회사 형태의 하나인 LLC 합동회사 와 동등한 권리가 모든 DAO에 부여됨에 따라 부동산 보유 등도 가능해졌다. 마셜제도 공화국은 인구 약 6만 명이 안 되는 작은 나라지만, 법인세나 소득세 등의 세율이 매우 낮은 '택스

헤븐조세회피처'이여서, 외국 법인에 대한 우대 세율도 적용된다.

앞으로는 해외의 DAO가 마셜제도 공화국을 '소재지'로 설정하여 사업을 등록하여 법적 승인을 얻은 조직으로서 사업을 전개할지도 모른다. 또한 암호자산에 대해 적극적인 미국의 와이오밍주에서는 현재 미국에서 유일하게 DAO의 법인화가 인정된다. 호주에서도 DAO의 법인화를 요구하며 국제적인 변호사 사무소를 중심으로 한 멤버가 법 개정을 향해 움직이고 있다.

지금의 회사에도 DAO를 적용할 수 있다

그렇다면 현재 수많은 사람이 속해 있는 주식회사라는 형태와 DAO가 전혀 상관없을까? 그건 아니다. 주식회사라는 시스템 속에도 DAO의 시스템을 적용할 수 있다. DAO의 특징 중 하나는 블록체인을 활용하는 가운데 스마트 계약에 의해 프로그램이 자동 실행되는 점에 있다. 가령 다음과 같은 구체적인 예를 생각할 수 있다.

출판사에 근무하는 편집자의 일은 책을 만드는 것이다. 이 업무에 대해 '편집한 책이 1만 부 팔리면 ○엔의 보너스가 지급된다'는 규정을 일단 정했다고 치자. 더욱이 판매 부수의 데이터를 자동으로 올바르게 취득할 수 있도록 프로그래밍 해 놓으면 판매 부수가 1만 부를 돌파한 시점에서 자동으로 보너스가 입금된다. 주식회사라는 시스템 속에서 이러한 시스템을 도입하는 일도 가능한 것이다

이러한 시스템을 사내에 도입할 수 있다면 제삼자가 확인해야 하는 수고를 덜고 평가에서 보수까지 원활하게 이어진다. 때에 따라서는 애매하고 주관적이었을지도 모르는 관리직에 의한 평가가 공개된 명쾌한 규칙하에서 내려지기 때문이다. 쓸데없는 친분이나 정이 작용했던 부분이 싹 사라지고 합리적인 부분이 늘어날 것이다.

출신 대학 서열이 아닌 오로지 '실력'이 평가받는다

반대로 말하면 '그 프로젝트는 내 공이다'라고 부하의 공적을 빼앗는 상사, 말은 청산유수지만 실력이 따라주지 않는 직원은 투명성 높은 DAO의 세계에서는 좋은 평가를 받기 어렵다. 프로젝트에 대한 기여도가 기록되기 때문에 누가 어떻게 기여했는지 한눈에 알 수 있기 때문이다. 사원 ID와 실적을 연동시켜 두면 '당신은 그 프로젝트에서 역할을 다했다고 말했지만 이력을 보면 실은 그렇지 않을지도?' 하는 사실을 쉽게 알 수 있다.

누가 어떤 기술을 가지고 있고 과거에 어떻게 기여해 왔는지 등 실력과 실적만이 공개적으로 가시화된다면 우수한 프리랜스는 일감을 받기 쉬워질 것이다. 지금까지는 비즈니스맨으로서 능력을 가늠할 때 사내 평가든 이직할 때의 서류 평가든 학력이나 출신 대학, 전직의 직위 등이 지표로서 참조되었다. 그러나 앞으로는 온전히 그 사람이 이룬 것, 기여한 것이 평가와 보수로 이어지는 사례가 늘어나지 않을까?

무임승차 문제의 해소에도 효과적이다

일은 하지 않지만 월급은 받는다. 일은 못 하지만 자신의 포지션은 고집한다. 어떤 비즈니스의 세계에서도 이렇게 '무임승차'하는 사람이 오래 존재해왔다. 연공서열제도가 남아 있는 대기업 등에서는 특히 쉽게 찾아볼 수 있다. 한편 의외일지도 모르지만 외국계 기업에도 약간 다른 의미에서 무임승차하는 사람은 존재한다. 경쟁이 치열한 외국계 기업에서는 성과야말로 평가와 보수로 직결된다. 가령 대규모 프로젝트가 목표에 가까워질 무렵이 되면 가장 힘든 시기에는 본척만척하던 사람이 갑자기 들러붙어서 성과라는 달콤한 공만 취하고 보너스 평점을 올리려는 사례도 절대 드물지 않다. 이러한 무임승차가 존재하면 열심히 일하는 직원의 노동 의욕을 없애고 팀 전체의 생산성은 떨어진다. 그대로 두면 이직률이 높아져서 기업의 신용도 하락으로도 이어질 수 있다. 무임승차 문제도 기여도가 가시화되는 DAO라면 부분적으로 해소되지 않을까?

'능력 있는 사람'과 '능력 없는 사람'의 격차는 더욱 벌어진다

내가 예전에 일하던 구글에서는 '피어 보너스'라는 제도가 있었다. 이는 회사에서 사원에게 주는 보수와는 달리, 통상 업무 영역을 넘어서 협력했을 때 사원끼리 소액의 보수보너스와 칭찬을 보낼 수 있는 제도다. 피어 보너스를 도입하여 사내에서 자기 역할을 넘어선 긍정적인 협력이 발생하면 팀 내 커뮤니케이션이 활발해지고 직원의 사기가 올라가며 부서를 초월한 협력 관계가 활성화되고 우수한 인재의 유출이 방지되는 등 다양한 이점을 기대할 수 있다. 이 피어 보너스도 어떤 의미에서 DAO와 겹치는 부분이 있다. 성과뿐 아니라 그 인재의 다양한 가치를 '가시화'하는 정책을 도입하는 기업은 최근 확실히 늘고 있다.

이러한 다양한 시책을 통해 쓸데없는 것을 없애고, 능력이나 인격을 포함한 '실력'만이 평가받는 시대에 들어섰다. 회사원이라도 우수한 인재는 더욱 귀하게 여기고 사회의 다양한 프로젝트에도 소집될 기회가 늘어날 것이다. 우연히 어떤 DAO를 봤더니 일이 있길래 납품하자마자 보수를 토큰으로 받았다. 이런 '미래형 업무 방식'도 언젠가는 일반적인 것이 될지도 모른다. 일정한 기술을 지닌 사람을 요구하는 프로젝트와 해당자를 더욱 효율적으로 이어주는 시스템, 새로운 관리 소프트웨어 등장 등 기술의 발전에 따라 수많은 DAO가 순조롭게 운영된다면 우리의 인생과 사회는 지금과는 꽤 다른 양상을 띠지 않을까.

단, 어디를 가도 성과를 못 내고 툭하면 무임승차하려는 사람은 신뢰를 얻지 못하기 때문에 어디에서도 부르는 곳이 없어진다. 실력이 빚어내는 격차가 잔혹할 정도로 가시화되어 버린다. 능력 있는 사람만을 필요로 하는 'Winner takes all'

의 세계, 즉 승자독식이라는 어처구니없는 상황이 될지도 모르지만, 이 흐름은 가속될 것이다. 물론 불합리한 격차를 해소하기 위해 어떤 식으로든 구제 조치를 취하는 것도 필요하지만, 능력과 성과에 의해 평가가 결정되는 시스템 자체는 앞으로 점점 늘어날 것으로 예측된다.

블록체인과 연동하는 가치는 있는가

하지만 뭐든 'DAO로 하면 잘 된다'는 이야기는 아니다. DAO를 실제로 도입했을 때 발목을 잡으리라 예상되는 점을 여기에서 하나 얘기한다면 '과연 그 프로젝트는 DAO로 진행할 만한 가치가 있는가'라는 현실적인 문제다. 어떤 프로젝트든 무조건 'DAO를 쓴다'고 나서면, 언뜻 신규성이 있어서 홍보로서는 기존과 다른 듯 보이지만 수단이 목적이 되어 버릴 수도 있다.

대전제로서 프로젝트 그 자체의 목적이 불투명하거나 어중간한 규모라면 '애초에 이 프로젝트에 DAO를 이용할 정도의 가치는 없다'고 판단되는 경우도 적지 않을 것이다.

블록체인을 이용하여 토큰을 발행했는데 참가자가 늘지 않고, 아무도 토큰을 사용해 주지 않는다. 액션도 일어나지 않는다. 모처럼의 기능을 살리지 못한 채 단순한 자원봉사 조직이 된 DAO나 벽에 부딪힌 채 자연 소멸된 DAO도 곧잘 보인다. 기대감을 잔뜩 품고 참가했는데 이미 서서히 사라지는 중일 수도 있다. 그런 의미에서는 러시아에 의한 우크라이나 침공 시에 설립된 'Ukraine DAO'의 예처럼, 국경을 넘어 많은 사람이 공감할 수 있고 이해하기 쉬운 대의가 있는 프로젝트가 아닌 한은 좀처럼 주지와 지속성이 곤란한 것도 DAO의 과제다.

만약 국가가 DAO화된다면?

더욱 시야를 넓혀서 국가와 DAO의 관계에 관해서도 고찰해 보자. DAO의 규모가 최대 규모까지 확대하더라도 결국은 '국가의 DAO화'라는 미래도 상상해 볼 수 있다. 그런 말을 들으면 기존의 국가 체제와 DAO가 상성이 좋다고 생각할 수 있지만, 각각의 존재의의를 생각하면 결코 그렇지는 않다. 왜냐하면 국가라는 기능의 전체적인 DAO화가 진행되면 국가라는 틀 자체가 불필요해지기 때문이다.

만약 국가가 DAO로서 기능하게 된다면 사회에는 어떤 변화가 일어날까? 다만, 국가를 '완전히 DAO화한 미래'에 도달

하는 논의는 '그렇다면 국가와 정부는 무엇을 위해 필요한가?'가 되지 않을까. 궁극적으로 말하자면 DAO로 온갖 것이 합리화된다면 국가의 존재 의의는 사라지기 때문이다. 안전보장이나 인권 등 경제 합리성 이외의 면을 DAO가 감당할 수 있을지가 불분명하다.

그래도 '국가의 DAO화'를 실험하는 것 자체의 가치는 크다. 일본은 규모가 약간 크기 때문에 곤란할지도 모르지만 인구가 수십만 명 이하인 작은 나라라면 DAO에 의해 국가의 기능 대부분을 감당하는 것도 결코 불가능한 이야기는 아닐 것이다. 물론 근본적인 개혁이 이루어져야 하므로 엄청난 노력이 들겠지만 그래도 앞날을 생각하면 비용에 걸맞은 이점도 많을 것이다.

주식회사나 국가가 '최적의 해답'이라 할 수는 없다

이렇듯 현시점에서 DAO는 장래성이 크기 때문에 다양한 과제와 가능성, 양면을 모두 가지고 있다. 그래도 지금까지 '최적의 해답'이라고 생각해 온 주식회사나 국가의 올바른 모습을 다시 바라볼 수 있는 반대 명제로서, DAO의 역할을 검토할 가치는 있다고 본다. 주주로부터 출자 받아 사업을 확대해 나가는 '주식회사'라는 시스템은 모든 사업에 최고이자 완벽한 것은 아니다.

주주는 출자의 대가로서 어떤 권리를 부여받아야 할까. 회사의 중요 사항을 결의할 때 주주의 총의결권의 어느 정도의 찬성을 필요로 하는 것이 타당한가. 이러한 하나하나의 사안에 대해 오랜 시간을 들여 시행착오를 거듭한 끝에 완성된 것이 지금의 주식회사 시스템이다. 그러나 지금 주식회사의 조직 운영이나 그곳에서 일하는 방식이 정말 최선일까? 사업 규모를 확대하여 상장을 목표로 하는 것, 회사로서 가능한 한 오래 존속하는 것은 사회 전체에 있어서 정말로 적절한 일일까? 주식 대신 토큰을 부여함으로써 조직은 어떻게 변모할까? 그런 식으로 DAO라는 새로운 잣대를 사용함으로써 지금 있는 시스템을 다시 바라볼 수도 있다.

DAO: 리더가 존재하지 않아도 프로젝트는 수행할 수 있을까

지금 더욱 정체를 알 수 없는 사토시 나카모토가 비트코인에 관한 논문을 발표했을 때의 사회적 배경을 떠올려보자. 리먼 쇼크에 의해 백 년에 한 번 있을까 말까 한 금융 위기가 닥쳤고, 그로 인해 금융 시스템이 지닌 위태로움이 백일하에 드러났다. 그래서 중앙집권형이라는 기존의 금융 시스템을 깨부수고 새로운 시스템을 모색하는 움직임이 요구된 것이다. 이는 회사나 국가의 바람직한 모습에 관해서도 마찬가지다. 사장이 있고 이사회가 있고 주주가 있다. 이러한 형태로 거버넌스를 발휘하는 비즈니스 모델이야말로 해외에서 수입해 온,

오랫동안 우리가 상식이라고 생각한 것이었다. 기본 구조는 국가도 마찬가지다.

하지만 그 중앙집권형이 최적의 해답은 아니다. 블록체인 기술을 사용하면 중앙에 관리자가 없어도 소유권을 분산시켜서 돌아가게 하는 시스템을 만들 수 있다. 기여도가 가시화되고 정보의 진정성이 향상된다. 투명성이 보장되니 신뢰도 보장된다. 중앙집권형이 아닌 시스템이라도 일을 해낼 수 있다. 그러한 메타적인 시선으로 DAO를 다시 바라보면 웹 3.0이라는 추상적이고 애매한 개념 주변에서 다양하게 흩어진 점과 점이 선으로 이어질 것이다.

DAO는 사람과 사람이 어떻게 관계하는가, 이상적인 커뮤니티는 어떤 형태를 띠고 있는가, 라는 인류에 있어서 보편적인 물음을, 블록체인 기술로 새로이 정의한 시도라고도 할 수 있다. DAO의 혁신성은 블록체인에 의존하는 면이 크지만 그 존재는 우리에게 수많은 의문을 던진다. 리더가 존재하지 않아도 프로젝트는 수행할 수 있을까? 경영 능력은 이제 가치가 없어지는 것인가? 어떻게 하면 조직 운영에 DAO의 특성을 잘 살릴 수 있을까? 토큰은 앞으로 주식이나 투표권을 대체하지 않을까? 법률과 국가가 짊어지고 있는 것을, 블록체인과 스마트 계약으로 어디까지 대체할 수 있을까?

결국에는 국가라는 존재가 DAO로 치환되어 자본주의로 버텼던 사회의 형태도 달라질 가능성도 있지 않을까? 웹 3.0이라는 버즈워드에 동요되지 말고, DAO의 등장에 의해 떠오른 이러한 의문이나 과제와 마주하면서 앞으로의 시대의 최적 해답을 찾아가야 한다. 암호화폐의 법 정비가 서서히 현실에 발맞춰 온 것처럼. 이런 실험 한가운데를 우리는 지금 살아가고 있는 것이다.

4장

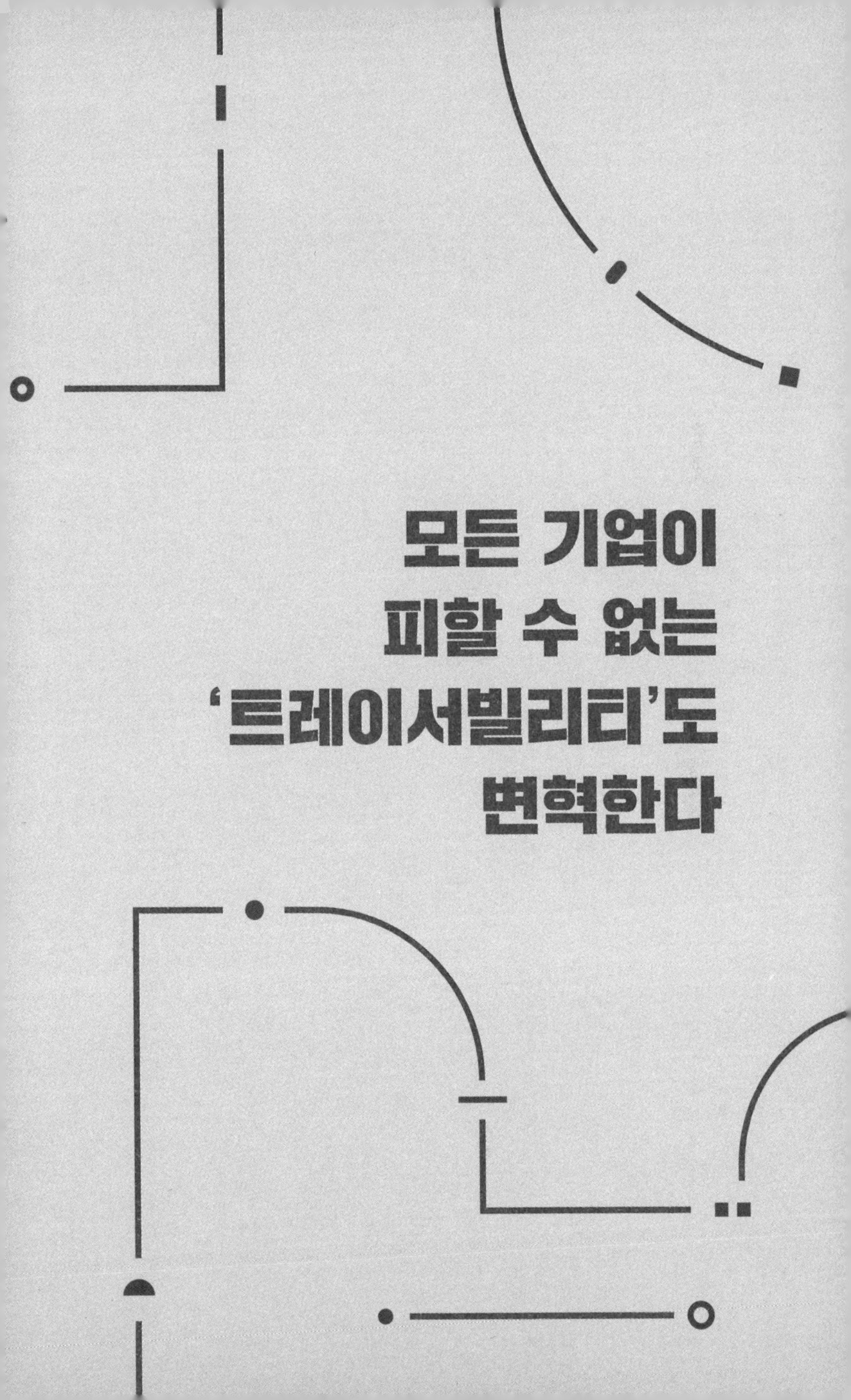

모든 기업이
피할 수 없는
'트레이서빌리티'도
변혁한다

생산부터 소비까지 추적하는 '트레이서빌리티'

지금까지, 웹 3.0이라는 세계적인 조류의 견인 역할로서, 디지털 콘텐츠의 거래 등에서 주목받는 NFT와 비즈니스나 국가의 형태를 바꿀 가능성을 내포한 DAO를 다루면서, 세계 최첨단에서 무슨 일이 일어나고 있는지를 살펴보았다. 4장에서는 시점을 약간 바꾸어 웹 3.0 이전부터 있었던 '트레이서빌리티'라는 개념이 블록체인을 활용함으로써 어떻게 진화할지를 찾아보자.

그 제품은 언제, 어디에서, 누구에 의해, 어떻게 만들어져서, 어떤 루트로 여기까지 왔는가. 상품의 생산부터 소비까지의 과정을 추적하는 '트레이서빌리티추적 가능성'라는 개념이 널리 알려지게 된 것은 2000년대에 들어선 무렵이다. 2001년 일본에서 처음으로 이른바 '광우병'이라 불리는 우해면양뇌증BSE에 감염된 소가 발견되어, 감염 확산 방지를 위해 생산 이력을 철저히 관리해야 했다. 이에 일본 농림수산성이 '소 트레이서빌리티법'을 도입한 것이 일본에서 트레이서빌리티라는 개념이 뿌리내리게 된 계기다.

BSE 문제의 영향을 받아 미국산 소고기가 수입 금지되고, 규동 체인점에서 규동이 줄줄이 판매를 중지하는 등 외식 산업에도 큰 영향을 미친 사건이므로 기억하는 독자도 많으리라. 더욱이 소고기의 산지를 속여서 판매하는 일이 발각됨에 따라 '식품의 안전'에 대한 의식이 사회 전체적으로 높아지게 되었다. 소 트레이서빌리티법에 의해 일본 국내에서 사육되는 모든 소에 개체 식별 번호가 부여되었다. 이에 따라 각각의 소가 출산부터 도살까지 어디에서 사육되었는지가 기록되고, 도살된 후, 지육, 부분육, 정육과 가공되어 가는 과정에서도 개체 식별 번호가 기록, 보존되어 출생부터 소비자의 식탁에

오르기까지의 생산 유통 이력 정보가 명백해졌다. 단, 이 단계에서는 아직 블록체인은 탄생하지 않았으므로 트레이서빌리티의 운용과 블록체인은 전혀 상관이 없었다.

SDGs, ESG의 등장으로 트레이서빌리티 의식이 고조되었다

이렇듯, 우리의 건강에 직결되는 식품의 안전, 안심 의식에서 시작된 트레이서빌리티였지만 점차 식품 이외의 업계로도 퍼져나가게 되었다. 사회 전체의 트레이서빌리티 의식이 고조된 커다란 원인은 SDGs지속 가능한 개발 목표, 그리고 ESG에 대한 관심의 고조일 것이다.

2015년 UN 서밋에서 채택된 SDGs에는 17개의 목표가 선정되었는데, 그 12번째에 '만드는 책임 사용하는 책임'이라는 항목이 있다. 세상을 둘러보면 물건이 넘쳐흐르고 있는데, 잘 생각해 보면 이 상태가 영구적으로 이어지는 것은 아니다. 소비랑이 증가하면 결국은 자원이 고갈되고 생산도 곤란해질 것이다. 이러한 미래를 막기 위해서 생산자와 소비자 모두가 책임을 갖고 행동해야 한다는 생각이 '만드는 책임 쓰는 책임'이다. 생산, 소비 활동은 환경오염과 노동자의 인권 문제와도 겹친다.

이 조류와 병행하여 비즈니스 현장에서 중시된 것이 ESG라는 새로운 지표다. 환경Environment, 사회Social, 기업통치Governance의 머리글자로 이루어진 ESG는 그 기업이 환경, 사회, 기업통치 등 세 가지에서 사회적 책임을 다 하고 있는지를 재는 지표다. 당장 눈앞의 이익만을 추구하는 것이 아니라 '기업으로서 사회적 책임을 다하려 하는가'라는 자세도 투자자에게 평가되게 된 것이다. 2008년에 일어난 리먼 쇼크도 ESG의 인지 확대에 커다란 역할을 했다. 전 세계에 깊은 생채기를 낸 금융 위기를 통해 단기적인 이익 추구를 최우선시하는 기업에 대한 비판이 커지고, 사회에 대한 공익성을 중시하는 기업을 투자처로서 선정하는 예가 증가했다.

사회적 책임 요구받는 시대로: 인권 및 환경을 배려하는 기업인가?

사회에 대한 부담을 제조, 판매 프로세스도 포함하여 생각한다. 이러한 사상을 바탕으로 식품 업계 이외에도 자동차, 의복, 의료용품, 전자제품 등 모든 업계에서 트레이서빌리티제조이력과 유통과정을 실시간으로 파악할 수 있는 시스템를 중시하게 되었다. 가령 이 다이아몬드는 강제적인 아동 노동에 의해 채굴되었다거나, 분쟁의 자원금에 의한 '블랙 다이아몬드'는 아닌가? 제조나 유통 과정에서 이산화탄소를 대량으로 배출하지 않는가? EV전기자동차에 필요한 배터리의 원재료인 니켈을 러시아에서 들여오는 것은 우크라이나를 침공한 러시아에 이익을 주는 것은 아닐까? 가격과 품질뿐 아니라 인권이나 환경도 배려할 수 있는지를 포함하여 구매할지 말지를 판단 기준으로 삼는 소비자는 꾸준히 늘고 있다.

미국 세관 국경 보호국은 2020년 말레이시아가 수출된 팜유의 수입을 강제 노동에 의해 제조되었다는 이유로 막았다. 2021년에는 신장 위구르 자치구의 인권 침해 문제를 둘러싸고 유니클로 제품 일부 수입이 역시 금지되었다. 인권을 존중하지 않는 기업의 제품은 소비자의 손에 들어가기 전에 세관에서 막히는 시대가 된 것이다. 바로 지속 가능한 사회를 위한 기여도를 기업이 다원적인 시점에서 요구받는 시대가 된 것이다.

블록체인과 트레이서빌리티의 상호작용

원재료에서 소비자의 손에 들어올 때까지 거치는 과정. 그 일련의 프로세스 정보를 공개하고 투명성을 확보하는 것은 기업에 있어서 역시 피할 수 없는 의무이자 책무다. 블록체인 기술은 바로 그것을 위한 수단이자 유용한 기술로서 주목받고 있는 것이다. 앞서 말한 바와 같이 블록체인 등장 이전에도 트레이서빌리티에 대한 노력은 있었으나 기본은 종이 문서였다. 따라서 원재료나 부품의 조달, 가공, 판매에 이르기까지 공급체인 정보를 모두 확인, 검증, 갱신하는 데는 매우 번잡하고 큰 비용이 들었다.

디지털 데이터로 관리하게 된 후에도 그 정보가 멋대로 수정되지는 않았는지 확인하기 위해서는 역시 비용이 발생한다. 정보가 중간에 수정되었는지를 확인하기 위해 때로는 굳이 해외 현지까지 날아가야 할 때도 있었을 것이다. 그러나 블록체인을 이용한 트레이서빌리티 시스템을 운용함으로써 이들 과제 대부분은 해결할 수 있게 된다. 블록체인이 본래 가지고 있는 특장점, 즉 기록된 정보를 수정하는 것이 어렵고, 그 정보를 수많은 사람이 참조할 수 있다는 투명성이 그야말로 트레이서빌리티 시스템에 요구되는 것과 겹치기 때문이다.

일찍이 블록체인을 도입한 월마트

블록체인을 쓰지 않아도 트레이서빌리티 시스템을 구축하는 것 자체는 가능하다. 그러나 웹 3.0의 핵심 기술인 블록체인의 특장점을 살린다면 트레이스추적가 더욱 강력하고 견고해진다. 트레이서빌리티 시스템에 블록체인을 응용함으로써 구체적으로는 다음과 같은 이점을 얻을 수 있다.

· 데이터를 조작할 위험이 적기에 신뢰성을 담보할 수 있다
· 소비자의 신뢰 향상으로 이어진다

공급체인 정보가 가시화, 투명화되는 것, 문제가 발생했을 때 신속히 원인을 파악하여 대응 가능해지는 것은 블록체인의 효율성이 만들어 내는 커다란 장점일 것이다. 세계 최대 소매 기업인 월마트도 타사가 제공하는 식품 공급체인의 추적 네트워크를 이용하여 생산지에서 매장에 진열하기까지의 루트유통 과정를 추적하는 블록체인 시스템을 도입했다. 월마트가 2016년에 이 실증 실험을 한 결과, 기존에는 26시간이나 걸렸던 정보 추적이 코드만 찍으면 되기에 불과 몇 초로 단축되었다고 발표하여 주목을 받았다.

애플의 디지털 변혁: 블록체인 기술 활용한 플랫폼 구축

선진적인 기업은 이미 트레이서빌리티 시스템을 더욱 강력한 것으로 하기 위해 움직이고 있다. 선두를 달리는 것은 역시 애플이다. 애플이 2022년 4월에 발표한 환경 추진 보고서에서는 트레이서빌리티 향상의 일환으로서, 리사이클재활용 소재만을 사용한 금의 공급체인을 구축했다고 발표했다. 환경 부담이 적은 상품이나 원재료의 조달을 의미하는 '그린 조달'에 관해서도 애플은 제품 전체의 소재 중 20%를, 이미 리사이클 소재로 교체했다. 애플은 2020년에는 탄소중립을 달성했으며 언젠가는 구형 모델의 iPhone 소재를 재생시켜서 신

모델 iPhone을 제조하는 시스템을 완성하겠다고 선언했다. 이들 모두 '사회적인 책임을 지는 기업'이 추구해야 할 시범 케이스라 할 수 있겠다.

아디다스는 소재 수준에서 트레이서빌리티를 가능케 하는 새로운 도구 '서티파이드 머티리얼 컴플라이언스'를 도입. 이 도구에도 AI와 블록체인이 활용되었다. 또한 2022년에는 미국 스타트업 기업인 '플렉스포트'가 총 9억 3,500만 달러약 1,078억 엔의 자금을 조달했다. 플렉스포트는 규제가 엄격한 물류 업계에 테크놀로지 플랫폼을 구축함으로써 디지털 변혁을 가져 온 기업이다. 무역에 필요한 서류는 그냥도 번잡해서 모든 것을 종이로 대응하려 하면 양이 방대해진다. 그것을 블록체인 기술을 적용함으로써 단순하게 만들자는 시도다. 이에 대한 니즈는 상당히 높을 것이다. 이 기업의 기업 가치 평가액은 이 자금 조달에 의해 80억 달러약 9,222억 엔을 넘었다. 세계 규모의 블록체인에 의해 트레이서빌리티 시스템을 합리화하는 것의 가치가 일정 정도 높이 평가되는 한 예라 할 수 있지 않을까.

일본 기업에도 눈을 돌려 보면, 가오는 지속 가능한 팜유 조달을 위해 2025년까지 블록체인 기술을 활용해 소규모 농가까지의 트레이서빌리티를 완료시키는 것을 목표로 내세우고 있다. 다케다약품공업과 미쓰비시창고는 블록체인 기술을 이용하여 의약품 유통 과정의 각종 정보를 가시화하고 사업자 간에 실시간으로 공유할 수 있는 플랫폼 구축에 착수했다. 또한 전 세계적으로 반도체 부족과 모조품 유통이 증가하는 사태를 우려하여, 반도체 업계 단체인 SEMI재팬은 2022년 5월, 블록체인을 활용하여 반도체의 트레이서빌리티를 확보하는 시스템을 업계 전체적으로 마련하겠다는 방침을 밝혔다.

지속 가능한 사회를 실현하는 디지털 테크놀로지

또한 기업으로서 지속 가능한 사회 실현에 어떻게 기여할 것인가 하는 시점에서 블록체인을 이용하여 트레이서빌리티를 확보하는 기업도 나타나고 있다. 미국과 캐나다 양국 정부가 임업사업자를 지원하기 위해 출범시킨 단체 'U. S. Endowment for Forestry and Communities'는 타사와 함께 'ForesTrust'를 설립했다. 지금까지는 벌목된 목재가 위법인가 그렇지 않은가를 사업자가 판단하는 것은 매우 어려웠다. 그러나 블록체인에 의한 트레이서빌리티 시스템을 도입함으로써 목재의 내력이 투명해짐으로써 사업자는 위법 벌목에 관여하지 않고 삼림 보호에 기여할 수 있게 된 것이다. 소재의 트레이서빌리티를 담보하는 것은 지속 가능한 사회의 실현을 위한 액션이기도 하다. 재생 플라스틱 사용 사이클에서도 자원 순환형 사회를 위해 마찬가지 시도가 각지에서 보인다.

다이아몬드의 가치도 캐럿 수나 브랜드만으로 결정되지 않는 시대가 오고 있다. 다이아몬드 원석의 채굴에서 가공, 도매까지 담당하는 대형 다이아몬드 관련 기업인 '데비아스'는 자사가 개발한 블록체인을 도입하여 다이아몬드의 생산 관리를 100% 보증하는 자세를 어필하고 있다. 공급체인 영역에서의 블록체인 활용의 움직임이 도입 후의 결과를 바탕으로 향후 가속화될지가 주목받고 있다.

제품의 흐름을 가시화할 수 없는 기업은 도태된다

공급체인을 둘러싼 외부 환경은 최근 점점 복잡해지고 있다. 하나의 제품이 세상으로 나오는 동안 복수의 나라나 지역을 경유하는 것은 이미 당연한 일이 되었다. 저렴한 원재료비나 노동력을 대신해 생산 관리에서 상류부터 하류까지의 거리가 늘어나고 더욱 복잡해졌다. 코로나19 바이러스의 전 세계적인 유행도 공급체인에 막대한 악영향을 끼쳤다. 러시아의 우크라이나 침공과 같은 지정학적 리스크에 의한 영향은 앞으로도 형태를 바꾸어 일어날 수 있다. 원재료 조달의 글로벌화, 공급 프로세스의 복잡화가 진행되는 가운데, 공급체인의 불확실성은 계속 커지기만 할 것이다.

그러나 부정이나 위조, 인권 침해 등의 문제가 일어났을 때 '그것은 우리 회사가 아니라 공급체인의 타사 책임이다'라며 도망치는 자세는 글로벌 사회에서는 이제 통용되지 않는다. 지금의 기관 투자자는 재무제표에 기재되지 않는 ESG 스코어와 같은 비재무 정보도 매섭게 바라보고 있다. 그저 경쟁사나 직접적인 거래 상대의 동향을 확인하기만 하는 좁은 시야로는 시대를 따라가지 못하고 홀로 남겨질 것이다. 공급체인을 추적, 파악하지 못하는 것 자체가 기업으로서 안 좋은 평가를 받게 하기 때문이다. 바로 그런 이유에서 기업은 디지털 기술을 활용하여 트레이서빌리티를 향상시키고 위기관리 대책을 강화해 갈 필요성이 있는 것이다.

'점'의 공정무역에서 '선'의 트레이서빌리티로

소비자의 의식도 높아졌다. 특히 정보 민감도가 높은 Z세대보다 더 나이 어린 세대는 환경이나 인권, 사회문제를 더욱 배려한 기업의 제품이나 서비스에 민감하게 반응한다. '저렴한 가격' '고품질'은 물론 중요한 판단 기준이지만 '제대로 지속 가능한 공정을 거쳐 매장에 진열되어 있는가'라는 새로운 잣대도, 향후 점점 더 중요시될 것이다. 일본과 같은 자원이 부족한 수입 대국이라면 더욱 그렇다. 주변을 둘러봤을 때, 일본 국내에서만 만들어진 것은 얼마나 있을까. 당신이 지금 손에 들고 있는 값싸고 편리한 제품은, 개발도상국 사람들의 열악한 노동환경이나 불법적인 아동 노동에 기대 있지 않다고 단언할 수 있는가?

개발도상국의 생산자, 노동자와 공정한 거래를 하여 적정한 가격으로 판매하는 것은 '공정무역'이라고 불리며 '국제공정무역 인증 라벨' 제품의 유통으로 전 세계적으로 확산 추세다. 커피나 바나나, 초콜릿, 오가닉 코튼 등에서 인증 라벨 표시를 본 사람도 있을 것이다. 2020년대의 트레이서빌리티 시스템은 이 공정무역의 흐름을 이어받은 발전형이라 해도 좋으리라. 공정무역이 생산자라는 '점'点에 착안하고 있다면, 트레이서빌리티 시스템은 그러한 점의 과거라는 시계열도 포함한, 점과 점이 이어진 '선'線이라고 표현할 수 있다.

100% 합리적으로 조달된 커피도 블록체인으로

공정무역 제품이 정말로 '공정'한지, 그 진정성을 담보하는 기술로서 블록체인을 활용하는 기업도 등장했다. 아프리카의 커피 생산국으로 유명한 우간다의 기업 'Carico'는 2019년부터 커피의 공정무역을 증명하기 위해 블록체인을 활용한 트레이서빌리티 시스템을 도입했다. 소비자는 패키지의 QR 코드를 스캔함으로써 그 커피콩이 재배된 농원의 소재지부터 콩의 품종까지를 확인한 후에 구매할 수 있다. 정말 '공정'한가의 신뢰성을 눈에 보이는 형태로 제공해 주는 서비스의 일종이라고 할 수 있다.

스타벅스 커피도 '100% 윤리적으로 조달된 커피'를 제공하기 위해서, 마이크로소프트의 블록체인을 활용하여 커피 원두의 생산 정보를 간단히 확인할 수 있는 '디지털 트레이서빌리티 툴'을 2020년부터 도입했다. 모든 의미에서 정말로 '공정'한 '무역'을 실현하기 위해서는 거래 정보를 공개 및 투명하게 하여 소비자에게 보여주는 자세가 앞으로의 기업에는 요구될 것이다. 먼 나라의 얼굴도 보이지 않는 상대라고 해서 착취를 방관해서는 안 될 것이다.

신뢰성 판단을 소매점 등에 맡기지 않아도 된다

지금은 대부분 경제 활동은 국제 무역 없이는 성립되지 않는다. 그리고 국제 무역은 사회에서 매일 일어나는 모든 것에 영향을 받는다. 기후 변화에 의한 자연재해, 코로나19에 의한 팬데믹, 반도체를 둘러싼 경제 안전 보장, 러시아의 우크라이나 침공과 같은 지정학적 다툼…. 현재, 이 세계에서는 무슨 일이 일어나고 있는가. 어떤 틀이 생겨나고 어떤 조류가 와 있는가. 예전에는 '문제없다'고 여겨졌던 일이 사회의 가치관 변화에 따라 갑자기 '아니, 그건 문제다'라고 지적받게 되는 일도 많이 있다.

이러한 각 방면의 움직임을 항상 파악하고, 인권이나 환경을 배려한 트레이서빌리티 시스템에 의해 거래처와 소비자에 대한 투명성을 지키는 것이 기업의 리스크 관리 대책으로 직결되는 것이 지금의 시대다. 과거 작은 마을 같은 커뮤니티에서 사과가 생산되고 소비되던 시대라면 트레이서빌리티 시스템은 필요 없었다. '오늘 먹을 이 사과는 A씨가 재배한 것'이라는 사실이 눈에 보이는 형태였을 테니까. 그러나 세계가 복잡해짐에 따라 사과의 생산자와 소비자의 거리가 멀어지고, 그 중간에 다양한 사람과 기업이 들어오게 되었다.

그렇게 되면 소비자는 어떻게 구매한 사과를 판단하느냐 하면 '이 가게에서 파는 사과라면 괜찮겠지'라는 매장에 대한 신뢰다. 처음 산 사과라면 맛이 있고 없고는 먹어 보지 않으면 알 수 없다. 그것을 '이 가게라면 맛있는 사과를 팔 거야' '적어도 썩은 사과를 파는 가게는 아니야'라고 가게에 신뢰성을 판단하는 권한을 위탁함으로써, 소비자는 구매를 행동에 옮겼다.

또한 가게의 간판이나 브랜드뿐 아니라 가격대도 그 가치를 나타내는 신호 중 하나였다. '보통 사과보다 약간 비싸니까 분명 맛있을 거야'라는 기대치가 구매 동기가 되는 일도 있었을 것이다. 물론, 실제로는 그렇지만도 않지만 적어도 판단을 뒷받침하는 재료가 된다. 마트 매대에서 "내가 만들었어요"라고 생산자의 얼굴 사진이 붙어 있는 채소도 마찬가지다. 사과 생산과 유통에 관련한 수많은 사람과 기업 중 생산자의 얼굴이라는 하나만을 알기 쉽게 드러내고 있다고 할 수 있으리라. 생산자가 인터넷 쇼핑몰에서 소비자에게 농산물 등의 상품을 직접 판매하는 D to C Direct to Consumer 비즈니스 모델에서 좋은 반응을 얻고 있는 '타베초크'도 그 발전형이라 볼 수 있다.

한편 블록체인을 응용한 트레이서빌리티 시스템을 사용하면 누구라도 생산과 유통 이력 정보에 접근할 수 있어서 공급체인 전체를 금세 확인할 수 있다. 이것이 트레이서빌리티 시스템에서 블록체인이 지니는 유효성이다.

블록체인 응용이 '절대'는 아니다

다만 모든 트레이서빌리티 시스템에서 블록체인을 활용할 필요는 없다. 누군가 특정한 관리자가 공급체인 정보를 클라우드 등에 두고 소비자가 그것을 참조하는 것으로도 괜찮으니까. 사업 규모나 외부성을 고려하면, 그쪽이 더 유효성이 높은 사업도 적지 않을 것이다. 물론 그 관리자를 100%의 신뢰할 수 있을지 없을지를 중시한다면 블록체인을 활용하는 것의 가치를 발견할 수 있을 것이다. 괜한 우려에 비용을 들이고 싶지 않다면 블록체인에 시스템을 맡기는 것이 타당한 선택지가 될 것이다. 또한 블록체인을 기반으로 한 트레이서빌리티 시스템을 사용한다는 자세를 표명하는 것이 글로벌한 경쟁에 있어서 효과를 발휘해가는 측면도 있다.

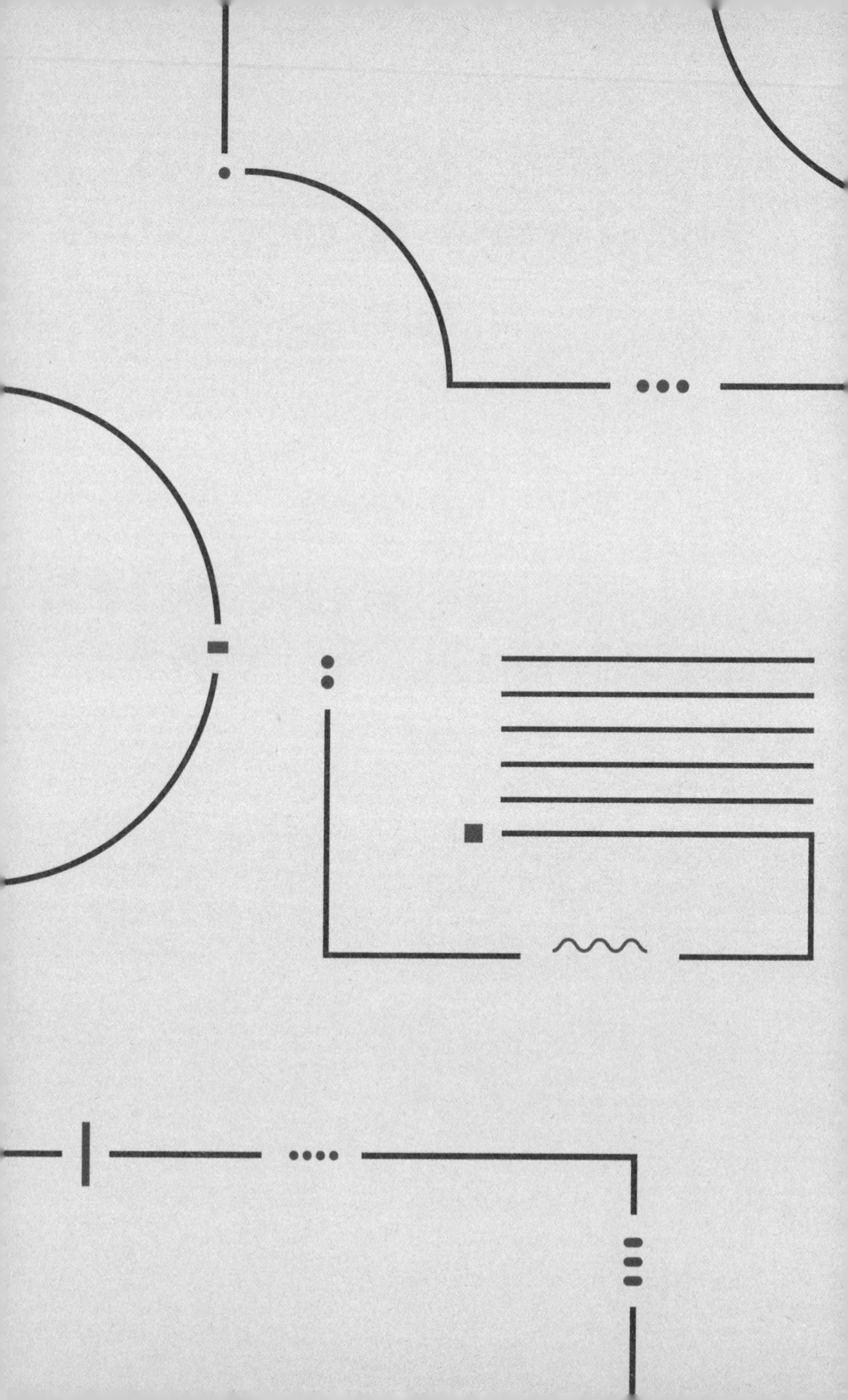

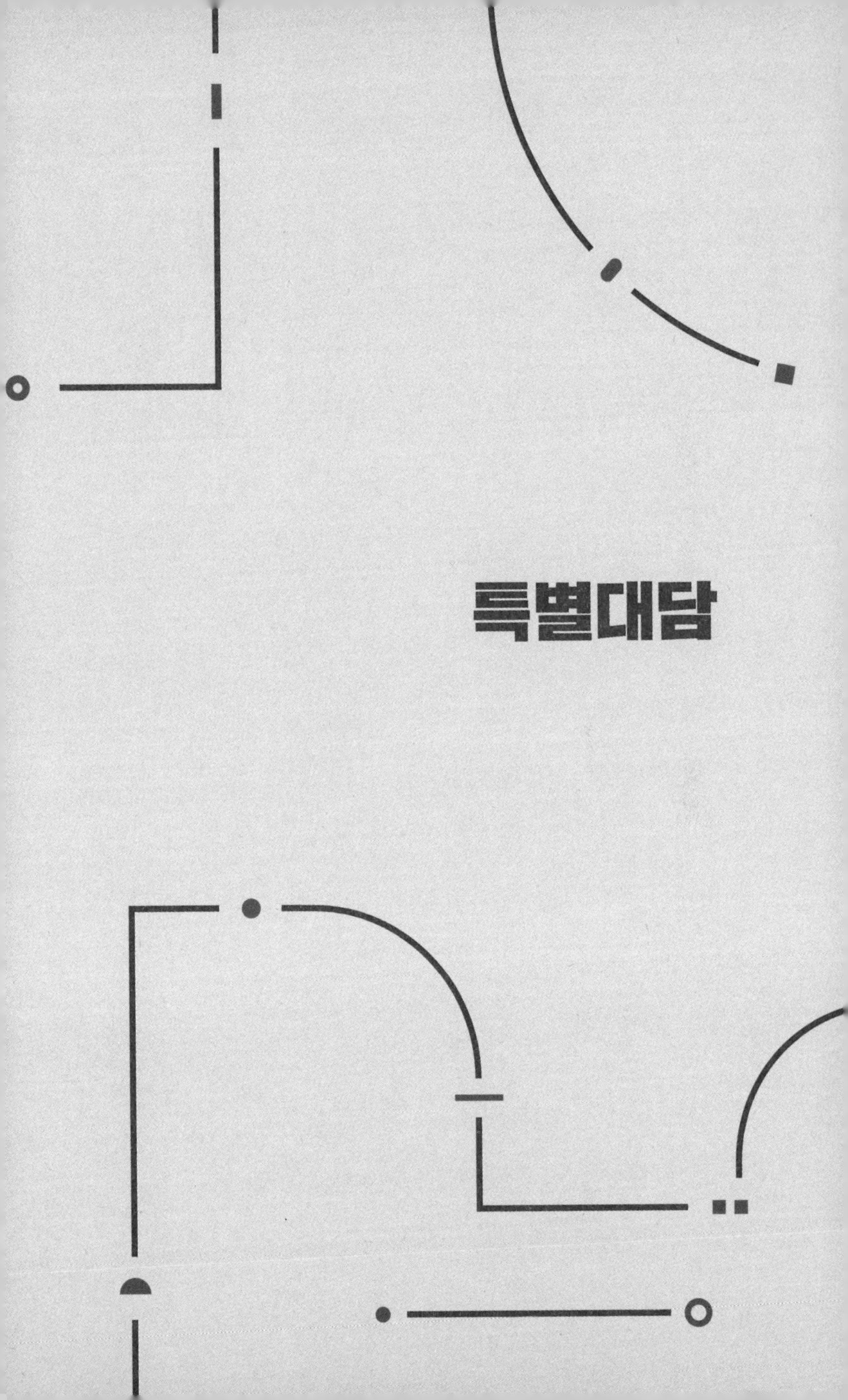

특별대담

정치와 사회까지 바꾸는 웹 3.0의 가능성

야마모토 야스마사 X 쓰쓰이 기요테루

쓰쓰이 기요테루

스탠퍼드대학교 사회학부 교수. 1993년 교토대학교 문학부를 졸업하고, 2002년 스탠퍼드대학교에서 박사학위를 취득사회학 했다. 미시건대학교 일본연구센터 소장, 동 대학교 도니아 인권센터장 등을 역임하였다. 헨리 H&토모에 다카하시 기념강좌 교수, 도쿄대 아시아태평양연구센터 재팬 프로그램 소장, 도쿄재단 정책연구소 선임연구원. 정치사회학, 국제비교사회학, 국제인권, 사회운동론, 조직론, 경제사회학 등을 전공했다. 일본어 저서로 『인권과 국가』가 있다.

블록체인의 트레이서빌리티는 인권에도 기여한다

야마모토 쓰쓰이 씨는 스탠퍼드대학교 사회학부 교수이자, 현재 같은 대학에서 사회학과 계열에서는 단 한 명뿐인 일본인 교수이기도 합니다. 쓰쓰이 씨가 일본어로 쓴 첫 저서인 『인권과 국가』는 매우 흥미로웠습니다. 러시아가 우크라이나를 침공하기 직전에 출간된 내용이라고는 생각할 수 없을 정도로 예언 같은 내용도 곳곳에 있었는데요, '인권'이라는 견지에서 국제정치와 사회시스템을 날카롭게 분석하는, 시사점이 풍부한 내용이었습니다.

쓰쓰이 감사합니다. 야마모토 씨와의 만남은 2013년 미일 리더십 프로그램이니까, 벌써 십 년 정도 지났네요.

야마모토 저는 새로운 기술 이야기를 다양한 사람에게 자주 하는데, 쓰쓰이 씨는 항상 정말로 즐겁게 들어 주세요. 사회학이나 인문계 아카데미에서는 '블록체인 같은 건 나랑은 상관이 없어서' 하며 무관심한 분도 많은데, 쓰쓰이 씨는 그런 게 전혀 없어요. 일반적으로 전문성이 깊어질수록 다른 영역에 대한 민감도도 커질 텐데 인권도 기술도 메타적으로 바라보는 균형 감각과 날카로운 분석력에는 놀라움을 금치 못할 정도입니다.

『인권과 국가』에서는 '인권력'이라는 용어를 씀으로써 지금까지는 정치가나 관료에 맡겨 두면 된다고 생각했던 인권 문제를 한 사람 한 사람이 마주하여 주체적으로 사고하는 것의 중요성에 관해 말씀하셨는데요. 이 방향성은 '분산형'이라는 특성을 지니는 블록체인이 사회의 기반 기술이 될지도 모르는 현 상황과도 무관하지 않은 것 같습니다. 쓰쓰이 씨는 웹 3.0이라고 불리는 현재의 조류를 어떻게 보고 계십니까?

쓰쓰이 블록체인에 관해서는, 그거야말로 야마모토 씨 덕에 많은 것을 알게 되었는데요. 우선 근본적으로 민주적, 탈중앙집권 지향이잖아요. 중앙집권형인 금융시스템에 대한 안티테제로서 비트코인이 탄생했고요.

야마모토 말씀하신 대로 금융의 민주화지요.

쓰쓰이 저는 블록체인의 열쇠는 중앙정부 등에 의존하지 않는 트레이서빌리티라고 느껴요. 가령 제 전공은 인권인데, 이민이나 난민들이 해야 하는 번잡한 절차가 블록체인을 통해 정보에 접근하기 쉬워짐으로써 간소화된다면 무척 좋은 일이고, 어떤 의미에서 인권에 기여하는 일이기도 하지요.

블록체인도 마찬가지예요. 사려는 옷의 면이 어느 나라에서 재배된 것인지를 관리할 수 있게 된다면,

인권 상황의 개선에도 도움이 될 거예요.

무기의 수출입, 판매 이력 추적이 쉬워지면 분쟁에 사용되는 무기의 유통을 줄일 가능성이 커질지도 모르고, 총기 난사 사건이 끊이지 않는 미국의 총기 규제에도 도움이 될 수 있어요.

다만, 추적할 수 있다는 것은 양날의 검이기도 하죠. 가령 선거에서 누가 누구에게 투표했는지 밝혀지면 곤란하잖아요. 국가 권력자가 그것을 추궁하는 일이 생기면 무섭고요. 민주주의라는 시스템을 뒤틀어버릴 위험성도 있는 것 같아요.

야마모토 블록체인에서는 익명성을 담보할 수 있는 형태도 도입이 되어 있지만, 확실히 프라이버시에 관해서는 생각할 여지가 아직 많아 보이네요.

정말로 '1인 1표'가 최적일까?

쓰쓰이 지금 미국에서는 '민주주의를 어떻게 바로잡을까' 라는 커다란 과제를 안고 있는 것 같아요. 일본이나 독일처럼 대중 민주주의의 무서움을 경험해 보지 못한 미국에서 트럼프 같은 사람이 대통령이 되었으니까요.

야마모토 무엇이든 다 대중에게 맡기는 시스템은 위험성도 있지요.

쓰쓰이 블록체인을 사용함으로써 투표 제도에 고민의 여지가 있지 않을까요?

17세까지는 0표지만, 18세가 되자마자 갑자기 한 표가 생기죠. 서른 살이 되어도, 여든 살이 되어도 변함없이 한 표를 가지고 있다는 지금 제도도 잘 생각해 보면 이상한 이야기일지도 몰라요. 가령 국정 선거에 한해서는 15세부터 17세까지는 연습 단계로서 0.5표, 18세가 되면 한 사람 몫인 1표, 85세가 되면 0.5표가 된다는 식으로 표의 무게를 바꾸는 제도가 있어도 좋지 않을까 싶어요.

물론 1인 1표를 쟁취하기까지 민주주의의 역사를 되돌아보면 민감한 문제 제기이긴 하지만, 운전면허증도 18세 이상만 딸 수 있고, 고령자는 반납하라고 하니까요.

야마모토 연령 외에도 '이 정책 과제에 관해 전문지식을 지니는 사람의 표의 무게를 두 배로 하자' '전문지식을 지니는 사람에게 자신의 표를 맡기자' 등과 같은 일이 가능할지도 모르겠네요. 블록체인이 의사 결정의 방법을 바꿔나갈 가능성은 크다고 생각합니다.

쓰쓰이　시간은 좀 걸릴 것 같고, 저항도 있으리라 생각하지만 지방 수준에서부터 조금씩 시도해 볼 가치는 있다고 생각해요.

블록체인으로 부정선거를 막을 수 있을까?

야마모토 지금은 디지털화가 진행됨으로써, 지리적인 구별이 점점 의미가 사라지고 있어요. 현재는 지자체는 그 지자체 주민이 결정하는데, 토큰 이용이 확산되면 주민이 아니라도 그 지자체와 관련된 사람들이 널리 의사 결정에 참여할 수 있게 됩니다.

가령 교토에는 일본뿐 아니라 해외에서도 다양한 관광객이 찾아오죠. 그 사람들에게 '교토 토큰'을 배부하고, 토큰이 많은 사람, 즉 교토를 자주 방문하는 사람에게는 '○○공원의 개정에 찬성인가 반대인가' '교토에서 비롯된 이 프로젝트에 참가할 것인가' 등의 알림을 보내서 의사 결정에 참가하게 할 수도 있어요. 그것이 더 나은 의사 결정으로 이어질지도 모릅니다.

쓰쓰이 바깥에서 사람들을 불러들이고 싶다면 그런 발상도 나오겠네요. 하지만 야마모토 씨에게 물어보고 싶었는데, 투표를 블록체인과 연계하여 진행하면 부정은 거의 완벽하게 막을 수 있을까요? 지난 미국 대통령 선거에서는 트럼프 후보가 부정선거라고 날뛰는 바람에 몇 번이고 재집계를 했는데요, 블록체인을 사용하면 이러한 사태를 막을 수 있을까요?

야마모토 그건 어려운 지점이에요. 블록체인을 이용해 투표하면 수정은 거의 없고, 만약 수정되었다고 해도 그 이력이 남기 때문에 누가 어디에서 부정을 저질렀는지도 추적할 수 있습니다. 하지만 블록체인에 올리기 전 단계에서 부정을 당하면 안 됩니다. 맨 처음 블록체인상에 정보를 기록하는 단계에서 생체

인증 등으로 확실성을 담보하지 않으면 위험합니다.

쓰쓰이 그럼, 제가 투표소에 가서 얼굴 인증 시스템 등으로 확실한 본인 확인을 한 후에 투표소에 있는 모종의 단말기로 투표하면 올바른 정보가 블록체인에 기록되나요?

야마모토 그렇더라도 그 단말기를 조작했다면, 가령 화면상 '후보자 A' 버튼을 누르면 '후보자 B'에게 투표되도록 해 놓는다면 틀린 정보가 블록체인상에 기록되고 그것이 계속 남게 됩니다.

단, 비슷한 리스크는 아날로그라도 있기에 블록체인의 리스크라고 할 수는 없겠지요. 귀가 후에 선거한 사람에게 제대로 한 표가 갔는지 확인할 수 있게 한다면 문제가 없을지도 모릅니다. 재집계와 같은 쓸데없는 수고는 꽤 줄어들 거예요.

쓰쓰이 그렇다면 꽤 유용하네요. 투표 절차가 더욱 간소화된다면 소수자의 목소리도 더욱 쉽게 반영할 수 있게 될 테니까요.

SNS의 민주화로 거짓 뉴스를 줄일 수 있다

야마모토 새로운 기술이 등장하면 반드시 좋은 면과 나쁜 면이 있어요. 트위터에서도 누구나 자신의 의견을 말할 수 있게 되어 권한이 강화된 틱톡으로 동영상을 올릴 수 있는 장벽이 낮아졌다는 것은, 모두 그것만을 보면 민주화이고 좋은 일이지만, 바로 그런 점을 이용해 거짓 뉴스나 악의적인 거짓 동영상이 확산되기도 했습니다.

러시아의 우크라이나 침공이 SNS에서 어떻게 다뤄지는지를 봐도, 그것은 명백해요. 목소리를 합성하고, 얼굴을 바꿔서 교묘하게 편집된 가짜 동영상을 보고 '러시아는 올바른 일을 하고 있구나'라고 믿는 사람도 많으니까요. 다만 이러한 폐해도 언젠가는 기술로 해결해 나갈 수 있겠지만요.

쓰쓰이 블록체인 기술로 가짜인지 아닌지를 판단하는 것은 불가능할까요? 가령 우크라이나에서 올린 동영상이 수정되었는지 아닌지 판별한다든가 하는 방식으로요.

야마모토 현 상황에서는 그 부분에 블록체인은 그다지 활용되지 않고 있어요. 그래도 각각의 SNS 서버가 정보를 기록하고 있으므로 그것을 되짚어가면 어디가 정보 원인인지는 알 수 있는 시스템이기는 하지요. 공개 정보만으로도 언제, 어느 언어권에서 개설된 계정인지 등과 같은 것을 알 수 있으므로, 그것을 통해 어느 정도 판단하는 것도 가능해요. 본래라면 인도주의적인 면에서 사회적 책임을 다한다는 의미에서, 트위터 등의 플랫폼 측이 해야 할 일이지만요.

만약 SNS에 게시물을 올리는 것이 블록체인으로 가능한 구조가 마련된다면 가짜 뉴스를 가려내는 판단이 더욱 강화되겠지요. 그렇게 되면 트위터 등이 하지 않아도 유저들 자신이 가짜 뉴스를 감시, 해석할 수 있다는 장점이 있어요. 지금 단계에서는 그러한 움직임은 아직 보이지 않고 있어요. 가짜를 만들어 내는 쪽과 발견하는 쪽의 다람쥐 쳇바퀴 돌기가 끝도 없이 이어지고 있는 상황이에요.

쓰쓰이 그렇군요. 블록체인이 정치와 행정, 사회를 어떻게 바꿔 나갈 것인가 하는 지금의 논점에서 보면, 역시 트레이서빌리티라는 특성이 하는 역할이 매우 크겠네요. 추적이 가능해짐으로써 어디에서 누구에게 책임이 발생하는지도 보이니까요. 그리고 트레이서빌리티 추적 확인 에 의해 어카운터빌리티 설명 책임 도 발생하니까요.

일본에서 '마이넘버카드'는 왜 보급되지 않는가

야마모토 프라이버시를 배려하면서, 필요한 정보만을 뽑아내는 '제로 지식 증명'이라고 불리는 기술도 있어요. 가령 졸업 연도는 상관없이 어떤 사람이 정말로 모 대학을 졸업했는지, 아닌지 한 가지만 확인하는 것도 블록체인이라면 쉽지요.

쓰쓰이 미국에서 살다 보니 사정은 잘 모르겠지만 일본의 마이넘버카드가 좀처럼 보급되지 않는 것은, 역시 프라이버시에 대한 우려가 있기 때문일까요? 마이넘버카드와 연계함으로써 다양하게 할 수 있는 일이 많아질 것 같은데 말이죠.

야마모토 정부에 대한 신뢰의 문제겠지요. 개인 정보를 국가 권력에 의해 악용당하면 어쩌지, 하고 불안을 느끼는 사람이 많다는 것이 원인 중 하나인 것 같습니다. 하지만 IT 대기업조차 경찰에서 조사 요구가 있으면, 개인의 메일 내용을 조사할 수 있지요. 회사에서 개인 메일을 회사가 감시하는 경우도 있어요.

하지만 구글은 '우리는 안 봐요'라고 표명했어요. 그래서 유저는 기계학습해석으로 관련 광고의 표시는 해도, 메일 내용을 다른 사람이 읽는 것까지는 하지 않으리라는 믿음, 그리고 무료에 이용하기도 좋으니까 Gmail을 선택하는 거죠.

정부는 본래라면 '선택당하는 쪽'이라는 의식을 지니는 것이 필요하다고 저는 생각합니다. '마이넘버카드를 만들었으니까 써'라고 들이밀어도, 편리성에 대한 이해가 침투하지 않으면 '그럼, 개인정보를 맡기자'라는 기분이 들자는 마음은 좀처럼 들지 않는 거겠죠.

조금 극단적일지도 모르지만 다양한 유저 인터페이스가 있는 가운데, '당신의 아이덴티티를 인증하는 데 애플, 구글, 정부 순정 시스템이라는 선택지가 있습니다. 어느 것이 가장 좋나요?'라고 유저가 선택하도록 만드는 것이 본래의 공정한 시스템 구축 방법인지도 모르지요.

쓰쓰이 통화도 마찬가지일지도 모르겠네요. 중앙은행의 법정통화를 믿을지, 메타구 페이스북가 발행하는 암호화폐인 리브라를 믿을까. 리브라의 발행은 단념되었지만.

야마모토 마찬가지죠. 그 정도의 의식이 아마도 기존 체제에는 없겠지요.

새로운 기술은 반드시 에러가 발생한다

쓰쓰이 저는 마이넘버 제도가 생겼을 무렵에는 미국에 있었기에 잘 모르지만, 과거 일본에서는 오히려 국민이 정부를 무조건 맹신하는 분위기가 있었던 것 같습니다. 적어도 해외에서는 그런 식으로 보였습니다.

미국은 본래는 그 정반대예요. 수정헌법 2조에 '무기 보유권'이 규정되어 있어서, 총을 가질 권리가 있어요. 왜냐하면 정부를 믿지 않으니까. 무슨 일이 일어나면 누가 총을 들고 일어서도록 만들어져 있습니다.

한편 연방정부를 믿지 않는 미국 국민은 딱히 의문을 가지지 않고, 일본에서 말하는 마이넘버, 사회보장 번호를 사용하고 있지요. 이 미국의 역전 현상 같은 것이 저는 무척 신기해요.

야마모토 일본의 경우에는 정부에 대한 신뢰가 낮다는 것도 있지만, 2013년에 JR히가시니혼이 Suica의 이용 이력 정보를 히타치제작소와 활용하려 할 때, 미디어가 불필요하게 떠들어대던 건도 영향이 있는 것 같습니다. 새로운 서비스를 개발하기 위한 것으로, 정보는 익명화되어 있고, 당시의 개인 정보 보호법에 있어서도 문제가 없었지만, 미디어가 마구 떠들어대고, 빅데이터 취급에 대한 사람들의 불안을 자극해 버린 거죠. 그것이 상처가 된 것 같네요.

소셜 테크의 문맥에서는 새로운 것에 대한 신뢰가 무척 중요하다. 처음부터 100퍼센트 완벽한 기술은 존재하지 않아요. 새로운 것에는 어떤 에러가 일어나요. 그 에러가 겁나서 너무 신중해진 것이 지금의 일본인이라고 생각해요.

또 하나, 일본에서는 의사 결정자의 기술에 대한 리터러시가 너무 낮아서, 일부 정치가가 장단을 못 맞추는 것도 크다고 생각합니다. 이 소셜기술의 이것이 중요한데, 십 년 후에는 이렇게 될 테니까 지금 도입할 필요가 있다고 확실히 단언할 수 있는 정치가가 없어요. 또한 듣기 좋은 말만 하는 사람도 주변에 있어요. 영어로 확인하면 알 수 있는 차이인데. 이러한 요소가 연쇄되어, 지금 상황을 초래하고 있는 거겠지요.

다만 최근 디지털청이 만든 '코로나19 접종 증명서 앱'은 심플하고 사용하기 편리해서 평판이 좋아요. 이러한 성공적인 예를 하나씩 착실히 쌓아나가면서 신뢰를 얻어나가는 것. 그것이 소셜 테크놀로지가 나아갈 왕도가 아닐까 싶습니다.

쓰쓰이백신 접종 증명서는 블록체인화에 걸맞다는

느낌이 드네요.

야마모토 그렇네요. 호적이나 부동산 등기 등도 블록체인과 상성이 좋을 것 같아요.

쓰쓰이 일본의 서류 절차가 복잡하다는 것은 온갖 곳에서 자주 듣는 말이에요. 회사의 설립부터 연구자에 의한 조성금 신청, 각종 보고서까지 일단 필요로 하는 서류가 너무 많아요. 그것을 간결화하는 방향으로 꼭 나아갔으면 합니다.

야마모토 민간기업이라면 간결화함으로써 비용이 줄고 이익이 올라가는 일이 된다면 인센티브가 발생하지만, 행정의 경우는 그러한 인센티브가 없죠. 오히려 새로운 시스템을 도입해서 문제가 발생하면 최악, 탈락이기에 당연히 개혁이 이루어지지 않죠. 그러한 구조를 바꾼다는 점에서 우선 착수해야 하겠죠.

'정중앙'의 사람들이 인터넷 세상에서 사라지고 있다

쓰쓰이 또 하나, 물어보고 싶은 것이 민주주의, 포퓰리즘과 인터넷 사회와의 관계에 관한 것입니다.

웹 2.0 시대가 되고, 모두가 SNS에서 쌍방향으로 발신할 수 있게 되었습니다. 하지만 정치 이야기의 세계에서는, 인터넷에서 발신하는 사람은 치우쳐 있는 경향이 있지요. 강한 의견이 있는데 특정한 이데올로기에 커밋하는 사람일수록 적극적으로 발신하고 있고 '좋아요'를 받기 위해서 극단적인 발언을 하게 됩니다.

그렇게 되면 점점 발신자가 양극단으로 나뉘어서, 엄청나게 우로 치우치거나, 엄청나게 좌로 치우치는 사람이 되어서, '정중앙'인 사람이 인터넷 세상에서 사라져 갑니다. 이건 꽤 큰 문제라고 생각해요.

내 친구인 사회학자가 '공화당 지지자에게 민주당의 사이트나 SNS를 한 달에 한 번 보게 하고, 민주당 지지자에게 공화당 사이트나 SNS를 같은 기간만큼 보게 한다'는 실험을 한 적이 있어요.

우리는 어릴 때부터 '상대방의 의견을 듣자'라는 가르침을 듣고 자랐을 것입니다. 그렇다면 실제로 다른 정치 조건을 지니는 의견을 계속 듣다 보면 어떻게 되는가, 하는 실험이었는데 결과는 공화당 사람은 더욱 보수적으로, 민주당 사람은 더욱 진보적이 되었어요. 상대방의 의견을 수용해야 하는데, 오히려 '역시 저 녀석들은 틀렸어'라고 자신의 신념이 더욱 강해져 버렸어요.

이는 인터넷상에서의 말이 극단적인 것이기 때문

에, 온건한 보수라든가 온건한 진보의 말을 들으면 조금 자신과 다른 의견에도 동의할지도 모르지만, 자신과는 반대의 입장의 극단적인 말을 들으면, 역시 거부반응을 일으키고 말지요. 그렇다면, 이것이 웹 3.0의 세계가 되면 어떻게 될까요? 트레이서빌리티나 어카운터빌리티가 있는 인터넷 세계에서는 대립 구조는 깊어질까요? 아니면 상호 이해가 가능해질까요?

또 하나, 내 동료 중에 일본에서도 『침식당하는 민주주의』라는 책이 번역된 래리 다이아몬드라는 정치학자가 있죠. 그의 그룹이 실시한 연구에 의하면, 지지 정당이 다른 사람들이라 하더라도, 10~15명 정도의 규모로 같은 방에서 찬찬히 이야기를 나누면 서로의 의견을 어느 정도 이해할 수 있을 것이고, 상대의 배경이나 입장도 보여서 미리 생각해 둔 결론이 발견된다고 하네요. 하지만 인터넷 공간이라면 얼굴도 모르는 사이가 극단적인 주장을 해서

서로 공격하는 것뿐이라는 사실을 잘 안 거죠.

이 10~15명이라면 실현하는 관계성을, 미국 전체에 어떻게 스케일할지. 이것이 래리 팀이 당면한 커다란 과제이자, 포퓰리즘의 대두에 의해 지금의 사회가 직면한 과제라고 나도 느껴요.

웹 3.0 사회에서 이 과제에 당면했을 때 민주주의의 질을 올리기 위한 노력, 가능성은 있을까요? 야마모토 씨는 어떻게 생각하세요?

스마트 계약으로 민주주의의 질을 높일 수 있다?

야마모토 하나의 돌파구로서, 스마트 계약이 유효하다고 생각합니다. 가령 도쿄도지사가 된 고이케 유리코 씨가 '꽃가루 알레르기 제로'라는 공약을 발표한 일이 있는데, 정말로 제로가 되었는지를 지금도 신경 쓰는 사람은 거의 없어요. 공약은 선거가 끝나면 잊혀 버리지요.

하지만 특정한 조건이 충족될 경우에 결정된 처리가 자동적으로 실행되는 스마트 계약으로 공약을 블록체인화해 두면 가령 '공약이 달성되었을 때, 다음 투표에서 득표수를 1.2배로 계산한다' 등 공약을 실현한 후보자에게 유리한 규칙을 설정해 두는 것도 가능해집니다. 반대로 공약이 하나도 이행되지 않았을 경우에는, 획득한 표의 무게를 줄이는 것도 가능하죠. 그런 규칙을 블록체인에 결부함으로써 결과적으로 민주주의의 질을 올리는 것으로 이어질 가능성은 있다고 생각해요.

또 하나는 이것은 아직 가설이지만, 앞선 이야기에서 나온 '10~15명이 실제로 만나면 다른 정치 조건을 가진 사람끼리라도 결론을 낼 수 있었다'라는 실험 결과를 응용할 수 있을 것 같아요. '디스코드' 등의 앱의 커뮤니티에는 테마별 등에서 다양한 그룹이 있지요. 그 그룹 중에 소인원으로 서로 이야기할 수 있는 장을 만들어서, 그곳에서 토큰 등을 사용하여 투표나 의사결정하기 같은 것이 가능할지도 모르죠.

쓰쓰이 그것 참 재미있겠네요.

야마모토 그 연장선상에 있는 것이 DAO일지도 모르겠네요. 가령, 한 애플리케이션의 개발 프로젝트에 DAO를 썼다고 치죠. '이 코드는 좋았어. 그러니까 당신에게는 10토큰 줄게' 이런 식으로 정당한 리뷰와 함께 성과 보수를 얻을 수 있는 형태가 되면, 개인이 집단의 의사결정에 관여하기 쉬운 시스템이 자연스레 생겨날 거예요.

이걸 더욱 확대시켜서 회사, 국가에 응용해 가는 것도 불가능하지 않을 것 같아요. '당신은 이만큼 국가에 기여했으므로 영예의 표시를 줄게요'라는 것이 그야말로 국가가 내리는 훈장이죠.

웹 3.0의 사회에서는 기술의 힘에 의해 그러한 일이 실현성을 띨지도 모르죠.

웹 3.0 사회에서 영향력을 지니는 이는 누구인가

쓰쓰이 그렇다면, 사회운동이나 액티비즘은 2020년대 이후의 사회에서는 어떻게 변화해가리라 생각하나요? 새로운 형태에서의 사회 변혁으로 가는 길 등은 보일까요?

과거에는 '1억 명의 기아를 구한다'는 슬로건을 건 라이브 에이드와 같은 대규모 자선 콘서트가 개최되기도 했지요. 하지만 최근 몇 년간은 NFT가 등장함으로써 디지털의 막대한 자금이 세상을 크게 움직이고 있어요. 사카모토 료이치의 곡 한 음이나 마이클 조던이 덩크슛을 던지는 하이라이트 동영상이 NFT화되어서 가치가 매겨지는 것은, 셀러브리티의 파워가 더욱더 위력을 지니게 된다는 말일까요? 그리고 그것을 활용한 문제 발신이나 계발 활동 등은 가능할까요?

야마모토 NFT는 셀러브리티가 유리해진다기보다는 크리에이터 이코노미가 활성화하는 데 의미가 있다고 저는 생각합니다. 지금까지는 불가능했던 크리에이터에 대한 환원이 가능해졌어요.

NFT라면 매매되면 될수록 매출의 일부가 크리에이터에게 환원되는 시스템이 생겨요. 지금까지는 한번 팔면 그뿐. 전매되더라도 크리에이터에는 수입이 들어오기 힘들었어요. 매출의 환원이 창작의 동기 부여가 되고 크리에이터 이코노미가 활성화되는 점에 의미가 있어요.

쓰쓰이 셀러브리티가 더욱 돈을 벌 수 있는 시스템이 아니라, 새로운 크리에이터가 나와서 힘을 주는 것이 가능하죠.

야마모토 돈을 버는 셀러브리티도 일부에는 있습니다. 셀러브리티가 엠파워된다는 의미에서도 NFT는 매우 좋은 도구겠지요. 그리고 크리에이터도 수익을 올림으로써 발신력을 키워가죠.

지금까지는 크리에이터와 팬, 소비자 사이에는 조정 밸브 역할을 하는 제삼자가 존재하는 것이 보통이었습니다. 누구를 방송에 내보낼지 결정하는 것은 방송국이고, '이 사람의 책을 출판하고 싶다'고 기획을 하는 것은 출판사죠. 그 조정 밸브가 점점 열려왔어요. 말을 바꾸면 조정 밸브가 기능하지 않게 되었죠.

가령 자민당이 어느 정도 권력을 쥐어도 바이트댄스와 손잡고서 '이 틱톡의 계정을 정지하도록' 지시하는 것은 매우 어렵습니다. 좋든 나쁘든 조정 밸브가 작동되지 않고 있으므로 액티비즘이 더욱 일어나기 쉬워져서, 더욱 대중화되는 것이 현 상황이라고 생각합니다.

쓰쓰이 그럼, 유명 인사가 아니라도 재미있는 것을 만들면 NFT로 벌 수 있고, 영향력이 있는 발신도 가능할지도 모를까요?

야마모토 가능성은 있지요. 유튜브도 그렇지만, 아무것도 가지고 있지 않은 사람이 강한 것도 많이 있으니까요. 돈이 있고 바쁜 사람보다도 창작에 시간을 쓰고 많은 아웃풋할 수 있는 사람이 더 유리하죠.

쓰쓰이 가령 도시에 의해 맨홀 뚜껑 디자인이 다양하잖아요. 그럼 맨홀 뚜껑 사진을 많이 찍어서 NFT화하면 그것이 돈이 되는 일도 있지 않을까요? 혹은 맨홀 팬인 DAO가 생겨서, 그것이 어떤 형태로 모네티이즈monetize, 현금화–옮긴이 된다든가.

야마모토 그것은 어느 쪽이냐 하면, 게이미피케이션gamification, 게임이 아닌 분야에 게임적 요소를 가미하는 마케팅 기법의 하나–옮긴이에 의미가 있을지도 모르겠네요. 모든 도시에서 다른 맨홀 뚜껑을 촬영하고 그 NFT한 데이터를 모두가 공유하는 게임을 만듦으로써 유저는 즐길 수 있고, 맨홀 뚜껑을 점검하는 작업원의 비용이 들지 않게 되죠. 게이미피케이션도 앞으로의 시대를 읽어나갈 하나의 열쇠인지도 모르겠네요.

쓰쓰이 크리에이터에도 셀러브리티에도 일반인에도, 기존에 없었던 비즈니스와 발신 가능성이 확산되는 거죠. DAO를 만든 사회 변혁에 대한 움직임이라는 것도 나왔지만, NGO가 나왔을 때와 약간 남아 있는 점이 있는 듯한 생각이 들어요. 정부 기관에서는 어려운 세세한 소셜 서비스의 제공이라든가, 정부 관계자는 좀처럼 떠올리지 못하는 사회변혁의 모습 등을 만들어 온 것은 NGO인데, DAO는 그것을 발전시킬 가능성이 있는 것 같습니다.
NGO라도, 일단 정부에 등록하여 세제의 우대 조치를 받는다든가, 여러 가지 복잡한 일이 있으므로, DAO라면 그 부분이 더욱 민주화되어서, 같은 의지를 지니는 사람들이 리소스를 각자 가지고 모여서 사회를 바꾸는 것이 쉬워질까요?

야마모토 DAO는 NGO와 상성이 좋다고는 생각합니다. 누군가 아이디어를 가지고, 활동을 시작해서, 서서히 그것이 큰 활동이 되어가죠. NGO로서 등록하기까지의 기간이나, NGO와 병행하여 참가의 저변이 낮은 입구로서 사회적으로 의의가 있는 활동을 하는 가능성이 있어요. 단 동시에 사기가 아닐까라는 확인도 무척 중요합니다.

타인에 대한 공감과 진화된 도구가 인권 의식을 낳았다

야마모토 새로운 기술이 사람들이나 사회의 사고, 가치관을 바꾸어 간다는 것은 어느 시대든 일어났던 일입니다. 『인권과 국가』에도, 사진이라는 신기술이 보급됨으로써, 타인의 아픔이나 고통에 대한 공감 범위가 넓어져서, 그것이 인권 의식으로 이어졌다는 기록이 있었습니다.

쓰쓰이 타인에 대한 공감은, 인권의 범위가 발전해 가는 데 있어서 매우 중요한 것이었습니다. 소설이나 이야기를 통해 다른 계층, 다른 성별, 다른 종교의 사람들을 같은 인간으로서 이해할 수 있게 된 것이 18세기경이라고 생각됩니다.

19세기경에 이르러 먼 땅에서 일어나고 있는 잔혹한 일들이 그림으로 그려졌고, 거기서부터 다시 인권 의식이 퍼져나갔습니다.

더욱이 20세기에 들어서자 사진이, 20세기 후반에는 TV라는 새로운 저널리즘이 보급됨에 따라 실시간으로 일어나는 다양한 사건을 영상과 음성으로 공유할 수 있게 되었습니다.

그 후, 등장한 것이 인터넷이었습니다. 지금 그야말로 우크라이나로 피해를 입은 사람들의 동영상이 SNS로 순식간에 전 세계로 퍼지는 세계가 도래함으로써, 공감대는 계속해서 확산되고 있습니다.

야마모토 옛날이라면 존재조차 몰랐던 비극이나 정보가, 기술 발전과 함께 다양한 형태로 들어오게 되었습니다. 이 일이 미치는 영향은 크겠지요.

쓰쓰이 그렇다고 해서 모두가 인권을 위해 행동을 한다고는 할 수 없지만, 의식을 갖게 됨으로써 우리의 사고나 행동에 변화가 온 것은 틀림없습니다.

인권이라고 하면 일본에서는 '도덕'이나 '배려'와 같은 말로 포괄되기 쉽지만, 애초에 역사적으로는 '자신의 의견을 주장할 수 있는 것' '자신이 생각하는 대로 살 수 있는 것'이야말로 인권입니다. 특히 서양에서는 국가는 개인의 권리를 제약하는 존재였어요. 그것에 저항하는 형태로 발전해 온 것이 서양 사회입니다.

권력자의 억압이나 횡포를 조심해야 한다는 것은 일본 사회도 마찬가지지만, 일본의 경우는 '위'뿐 아니라, '옆'으로도 동맹 압력이라는 이름의 권력이 숨어 있습니다. 물론, 어떤 사회에도 정도의 차는 있지만, 동조 압박은 존재하지만, 일본의 경우는 분명히 그 경향이 강합니다. 권력자의 횡포 이상으로, 옆으로부터의 감시, 주변 사람들과 좀 다른 일을 한다든가, 옷이나 머리색이 다르다든가 그런 점에서 야유하는 목소리가 들려오죠.

사실은 자사의 행위가 올바르지 않다는 것을 알고 있지만, 직장인인 이상 그것은 입 밖에 내지 못합니다. 그런 비즈니스맨도 있습니다. 그래도 어떤 형태로든 '동의하지 않는다'는 의사표시를 밖으로 내보내는 것은 인간으로서 매우 중요하다고 저는 생각하고 있습니다.

가령 차별적인 뉘앙스가 있는 농담을 누군가가 말해도 함께 웃지 않아요. 웃어넘기지 않고 웃지 않아요. '그건 이상하지 않나요?'라고 말할 수 있으면 그게 제일 좋지만, 웃지 않는 것만으로도 일종의 의사 표시가 될 수 있습니다.

물론 제도를 만드는 것도 필요하고, 회사 안에서 목소리를 높이는 사람을 위해 익명성을 확보하기 위한 시스템 등도 조직은 정비해야 합니다. 우선은 자신의 주변 사람부터 시작해 가야죠. 그것이 점점 파생되어 언젠가는 큰 부분까지 연결되는 것이 아닐까 생각합니다.

야마모토 페이스북에는 '좋아요' 수를 표시하지 않을 수 있는 옵션이 생겼지요. '좋아요'의 구체적인 수를 표시하지 않음으로써 위압감을 드러내지 않도록 하는 노력이 2021년부터 시작되었죠.

그러한 작은 아이디어가 늘어감으로써, 점점 목소리를 높이기 쉬운, 의사 표시를 하기 쉬운 사회로 가까이 다가갈 수 있을까, 하는 기대는 있습니다.

쓰쓰이 트위터에는 그러한 옵션 기능은 아직 없지요. 리트윗이나 '좋아요' 수도 전부 표시되잖아요?

야마모토 그런 의미에서는 트위터는 아직 '인권력'이 낮다고 할 수 있을지도 모르죠.

쓰쓰이 버블 시대에는 대기업 사원이 해외에서 성희롱 문제를 일으키고는, 곧잘 미디어에서 떠들어댔죠. 그것과 마찬가지로 지금은 인권 감각이 없는 채로 해외로 나가 버리면 기업으로서도 개인으로서도 그저 수치심을 느끼는 것만으로는 안 끝나죠. 벌을 받을지도 모르고, 나쁜 이미지가 정착해 버릴 우려도 있어요. 인권 의식이 낮다는 것은 타인에 대한 공감이 없는 것과 마찬가지이므로, 당연히 평판은 떨어지죠.

불과 사흘 늦어서 비판받은 유니클로

야마모토 디지털 기술의 도입이 늦었을 뿐 아니라, 인권 의식의 부족도 일본 기업 전체의 과제로 볼 수 있지요.

쓰쓰이 ESG 투자나 인권 듀딜리전스Due diligence, 인권에 대한 노력의 움직임에 뒷받침되어서, 기업의 사회적 책임에 관해 정부도 조금씩 움직이고 있습니다.

일본에는 인권이라는 표현은 아니지만, 에도시대부터 이어지는 오미상인의 '삼포요시'판매자, 구매자, 사회에 모두 이로운 것의 정신이 있다는 것이 자주 등장하죠. 단, 지금 시대는 그 정신을 구체적인 액션으로, 심지어 최대한 빠르게 표명해야 하는 시대가 되었지요.

가령 러시아에 의한 우크라이나 침공이 시작된 후에 유니클로를 전개하는 퍼스트 리테일의 야나이 다다시柳井正 회장 겸 사장은, '의복은 생활의 필수품. 러시아 사람들도 마찬가지로 생활할 권리가 있다'고 말하며 러시아로부터 철수하지 않고 영업을 이어간다고 발표했습니다. 그러나 세간의 맹반발이 불매 운동의 의견을 받아들여서, 사흘 후에는 방침을 전환했지요. 러시아 전역에서 50점포의 영업을 일시 정지했습니다.

이 한 건을 통해 인권에 배려함으로써, 그리고 리스크 관리는 초동이 얼마나 소중함을 통감한 기업도 많겠지요. 발언을 철회하기까지 불과 사흘이었지만, 그래도 너무 늦었지요. 최초의 한 수로서, 이미 인상이 결정되어 버렸지요.

야마모토 평소부터 그러한 시나리오를 상정해서 대응책을 생각해야만, 막상 사태가 일어날 때는 대응이 시간이

맞지 않는 시대지요.

참고로, 쓰쓰이 씨가 생각하는 '우수'한 인재의 정의는 무엇입니까? 스탠포드대학의 교수로서, 그거야말로 전 세계에서 모인 우수한 젊은이들에게 매일 접할 것 같은데, 우수한 학생의 공통점은 있습니까?

쓰쓰이 문제 설정이 스스로 가능한 사람 아닐까요?

목표를 정해서 앞으로 나아갈 힘과 문제를 해결할 노하우도 필요하지만, 사회에 대한 넓은 이해를 가지면서도, 자기 나름의 시점으로부터의 문제 설정이 가능한 사람과 만나면, 연령과 상관없이, 이 사람은 엄청나구나라고 느끼죠.

'잘 모르겠다'부터 솔직히 시작하자

야마모토 DAO탈중앙화자율조직와 NFT대체불가능토큰가 탄생한 지는 불과 몇 년입니다. 발전 가능성은 얼마든지 있을 것입니다. 그렇기 때문에 거기에서 어떻게 문제를 찾아내고 대처해 나갈지가 열쇠가 될 것입니다.

'인권력' 이야기로 돌아오면, 아까의 이야기처럼 인간은 소설과 회화, 사진, 영상, 인터넷의 등장으로 공감과 인권력을 확장시켜왔습니다. 연이어 등장하는 새로운 디지털 기술에, 비즈니스맨으로서 어떤 자세로 마주해야 할까요?

쓰쓰이 모르는 것은 솔직하게 인정하고 아는 사람의 의견을 들어야 합니다. 무언가를 배우고 성장하는 데 가장 중요한 자세는 이것뿐이라고 나는 생각합니다.

힘과 지위가 있는 사람이 모르는 것을 아는 듯한 얼굴을 하고, 부하에게 지시를 내리는 듯한 구도는, 조직과 개인 모두에게 마이너스만 됩니다. 쓸데없는 자존심은 버리고 디지털 기술을 실제 감각으로 이해하는 젊은 세대의 의견에 진지하게 귀를 기울여야 한다고 생각합니다.

웹 3.0 그 자체가 탈중앙집권적이고 민주적인 성격을 가지고 있다면, 그것이 확산함으로써 공감의 범위가 넓어지거나 권력 구조가 바뀌거나 해서, 인권에 이바지하는 점이 있을지도 모릅니다. 기술을 어떤식으로 구현해 나가느냐에 달려 있다고 생각하는데 '인권력'을 강화하는 방향으로 가져가야겠지요.

야마모토 본래라면 서로가 대등한 입장이 되어서의 토론이 바람직하지만, 손윗사람을 떠받드는 정신이 뿌리

깊은 일본의 기업 문화를 생각하면 어려운 면이 있지요. 체면을 세우면서 새로운 기술을 도입해 나가는 것, 이것이 현실적인 방법일까요?
웹 3.0에 관한 새로운 기술을 도입함에 있어서는, 재량권을 지니는 윗사람이 틀을 마련하고, 최전선에 선 젊은 세대가 도입 수준에서 움직여 간다는 방법이 최선이라는 생각이 듭니다. 위에 선 연장자이기에 가능한 조정 사항이 있고, 젊은 세대이기에 피부 감각도 있어요. 그것을 제대로 접목함으로써 소셜 테크를 전진시킬 수 있을 것입니다.

블록체인의 가치를 체감하기 위해서는

블록체인과 그것에서 파생한 디지털 기술은 향후, 비즈니스나 사회, 그리고 개인의 삶을 어떻게 바꿀 것인가. 이 책에서는 NFT, DAO, 그리고 트레이서빌리티를 중심으로, 블록체인이 일으키는 변화에 대해 설명해 왔다. 블록체인이 차세대 기반 기술이 될 가능성을 내포한 기술이라는 것은 이미 충분히 전달되었을 것이다. 그렇다고는 해도, 개념이나 이론만으로는 좀처럼 실감을 동반한 이해로 이르지 않을지도 모른다. 만약 당신이 이해의 깊이에 불안을 느끼고 있다면, 우선 시험 삼아 블록체인을 사용한 기술을 경험해 보기 바란다.

지금의 당신이 관여하는 일에서 가장 가까운 곳, 혹은 이 책을 통해 관심을 가진 페이지, 어디서부터라도 상관없으므로 시험 삼아 한 걸음만 내디뎌 보기 바란다. 블록체인을 응용한 노력을 접하고 '스스로 움직이는' 체험은 웹 3.0의 세계를 이해하는 가장 쉽고 확실한 방법이 될 것이다.

물론 아직 탄생한 지 얼마 되지 않은 기술이므로, 모든 것이 순조롭게 진행되는 매뉴얼이 준비되어 있다고는 할 수 없다. 예상대로 서비스 개발이 진행되지 않는 경우도 있고, 사기를 당하기도 할 위험도 있을 것이다. 월렛지갑이 해킹되는 일이 있을지도 모른다. 그래도 역시, 멀리서 포위하며 그저 붐을 바라보며 끝나는 것이 아니라, 손을 움직여 봄으로써 비로소 얻을 수 있는 지견은 있다.

만약 암호자산에 흥미가 생겼다면, 우선은 잃어도 좋은 소액으로 시도해 보기를 추천한다. 세상에서 일어나는 사건이 암호자산의 가격 변동에 어떤 영향을 줄지를 쫓아보면 보이는 풍경이 있을 것이다. 목적은 투자로 버는 것이 아니라, 암호자산이 어떤 가격 변동을 하는지를 체감하기 위해서이므로, 어디까지나 소액으로만 하는 것을 잊지 말아야 한다. 배워본다는 의미에서 NFT 게임에 도전하거나, 흥미가 있는 DAO의 프로젝트에 참여하는 것도 좋을 것이다.

그러한 개인의 체험을 통해, 다른 사람들은 NFT나 DAO 어디에서 가치를 찾아내고 있는지, 혹은 가치를 느낄 수 없다면 그것은 왜인지를 현장에서 검증하고, 분석하면서 배워가도록 하자.

DAO는 가치 분배가 가능하지만 한편으로 의사 결정이 다수결로 결정되기 때문에 분산형 자율조직과 현실에는 아직 차이가 있다. 온라인 살롱과도 비슷한 구조가 있지만, 운영자나 동조자의 이상과 현실과의 차이에 항상 주목하기 바란다. AI와 마찬가지로 블록체인은 마법이 아니다. 분산형 원장이라는 기술의 일종이자, 그 특성에 의해 만들어지는가 하면, 맞지 않는 경우도 있다. 반드시 기존의 모든 것과 대체해 나갈 필요는 없다.

‘믿을 수 없다’는 선입견만으로 새로운 기술을 꺼리는 것은 아닐까

이는 블록체인에 한정된 이야기는 아니지만 일반적으로 사람은 나이를 먹을수록 새로운 것에 도전할 기력을 잃어버리는 경향이 있다. 그러나 ‘확실히 알 수 없어서’라는 의구심만으로 새로운 기술을 경원시하면, 시대의 변화의 본질을 꿰뚫을 시선은 기를 수 없다. 마케팅의 대가인 경제학자 시어도어 레빗Theodore Levitt 박사는 “사람들이 원하는 것은 ‘드릴’이 아니다. 뚫린 구멍이다.”라는 격언을 남겼다. 소비자가 원하는 것은 ‘드릴’이라는 제품이 아니다. 진심으로 요구하는 것은 ‘구멍을 뚫다’는 목적을 이루어주기 위한 도구이자, 방법인 것이다.

더욱이 한 걸음, 내디디고 ‘무엇을 위한 구멍을 뚫으려고 하는가?’라고 고객에게 듣고, 그 이유를 알면 구멍을 뚫지 않아도 목적을 달성할 수 있는 경우도 있을 것이다. 고객이 아직 그 존재를 모르는 가까운 미래의 기술을 이해하고, 목적 달성을 위해 제공할 수 있다면 그것에 큰 가치가 생겨난다.

자기 자신의 고객이나 거래처는 무엇을 위해 '구멍'을 뚫으려 하는 건가, 그 본질을 파헤치고 끝까지 깊이 생각한다. 그리고 블록체인이 유용한 도구라고 느낀 것이라면, 새로이 도입되는 가치는 물론 있을 것이다. 가까운 장래에 블록체인보다도 적합한 '도구'를 발견한다면 그것을 사용하는 편이 좋다. 어느 쪽이든 자기 자신이 움직이고, 알고, 배우지 않는 한 딱 맞는 도구를 찾는 것은 어려운 일이다.

NFT의 활용 넓힌 어도비사

고객이 필요로 하는 도구뿐만 아니라, 고객이 목적으로 하는 것도 고려하여 블록체인을 최적으로 도입한 기업의 사례를 하나 소개하겠다. PDF 문서 편집에 사용하는 'Acrobat'을 비롯해서 '포토샵' '일러스트레이터' 등의 디지털 도구를 제공하는 어도비는 모두 잘 알 것이다.

어도비는 2019년, 디지털 인증을 통해 콘텐츠 제작자의 권리가 지켜질 수 있도록 '콘텐츠 인증 이니셔티브'를 트위터사, 〈뉴욕 타임스〉와 공동으로 출범시켰다. 2021년에는 이를 NFT와 연결해 누가, 언제, 어떻게 데이터를 제작했는지의 기록을 남기는 기능을 구현했다. 다시 말해, 크리에이터 업계의 '트레이서빌리티 시스템'의 실현이다. 어도비의 이 신기능의 제공에 의해 프로, 아마추어를 불문하고 모든 창작자가 NFT 마켓에 쉽게 참여할 수 있다.

자신이 제작한 작품을 어떻게 마켓에 내놓을지는, 그때까지는 개개의 크리에이터가 담당해야 할 영역이었다. 그러나 어도비는, NFT를 활용하여 출품하는 크리에이터가 늘어나는 트렌드를 정확히 파악하고, 자사가 그것을 일기통관으로 커버하면 이용자의 부담이 줄고, 작품 제작에 집중할 수 있다는 긍정적인 가치가 생긴다고 생각했을 것이다. 현 상황의 시스템과 부족한 부분을 인식하고, 자신들의 업계에서 일어나고 있는 지각변동을 파악하고 있지 않았다면, 이 발상은 좀처럼 생겨나지 않았을 것이다.

왜 상장기업들이 계속해서 희망퇴직자를 모집하는가

오늘날 아무리 거대한 이익을 창출하더라도 '수비' 일변도로 안정 경영을 실현할 수 있는 기업은 거의 존재하지 않는다. 업계에서 확고한 지위를 구축한 전통 있는 대기업이라도 '아래'나 '밖'으로부터 맹추격을 받고 있는 실정이다. 이 흐름은 당연히 개인에게도 닥치고 있다. 코로나19 사태의 영향도 있어서 희망퇴직자를 모으는 상장기업이 줄을 잇고 있다.

2020년에는 후지쓰가 50세 이상의 간부 사장을 대상으로 희망퇴직 신청을 받고 3,000명 이상이 응모한 것이 발표되었다. JT일본 담배 산업도 국내 사업의 재조정으로 약 3,000명이 희망퇴직에 응했다. 자동차 업계의 EV 시프트를 확인한 혼다 또한, 주로 50대를 대상으로 2,000명의 희망퇴직자를 응모했다. 파나소닉, 후지테레비, 올림푸스, 다케다약품공업, 오리온 맥주 등 누구나 들으면 아는 대기업도 마찬가지로 대규모 정리해고를 단행했다.

모두 목표는 인원 교체를 촉진하고, 보다 우수한 인재를 채용하여 조직을 강화하는 것이다. 이러한 대규모 구조조정의 배경에는 현재 관리직이 짊어지는 일이 '사내의 조정 역할'인 것도 크다고 생각한다. 새로운 기술에 의해 능력과 기여가 가시화되어, 자동적으로 보너스나 평가로 이어지는 역할을 시스템이 강화해 준다면, 지금까지처럼 조정 역할에 인간이 할 필요성은 낮아질 것이다.

유감스럽게도 많은 일본 기업들은 이제 직원들을 지켜줄 만한 힘을 잃어가고 있다. 조직 안에서 좋은 자리를 두고 경쟁하는 것의 의미가 약해지고 있고, 조직 바깥에서도 살아야만 하고, 그렇기에 비즈니스맨은 묵묵히 자신의 능력을 계속 연마할 수밖에 없다.

그러기 위한 훈련으로서 투자자의 시선을 가져 보는 것도 유효하다. 만약, 지금 1억 엔이 있다면, 당신은 어떤 기업에 투자할 것인가? 차세대 GAFAM과 같은 기세로 매출 10조 엔을 목표로 하는 스타트업 기업으로 만들 것인가, 창업 100년의 역사를 지니지만 이익률이 2%밖에 없는 기업인가. 언어의 벽을 없애면, 당연히 인구 감소가 예상되는 일본뿐 아니라,

해외의 기업도 시야에 넣을 것이다. 그러한 비교 검토를 거듭한 후에 '여기에 라면 1억 엔을 투자해도 좋다'고 생각된다면 과연 어떤 기업일까? 그런 사고 실험을 할 뿐이라도, 보이는 풍경이 달라질 것이다.

개인을 갈고닦는 것이 새 시대의 활로가 된다

'이 회사에서만 일할 수 있다' '지금의 부서가 아니면 가치를 발휘할 수 없다'는 인재가 아니라, '어디로 가더라도 어느 정도는 가치를 발휘할 수 있는' 우수한 사원을 모아서 강한 조직을 만들어갈 것이다. 한 사람, 한 사람이 개인으로서의 터프한 힘을 지닌 운동선수가 모여서 결성된, 새로운 우수한 인재도 국경을 넘어서 끊이지 않고 주체적으로 획득하는 프로스포츠 팀과 같은 조직이 아니라면 글로벌 시대에 회사로서의 경쟁력은 지킬 수 없다.

그렇기에 자신의 시야나 교우 관계를, 업계 밖이나 해외에도 의식적으로 확산해 가자. 새로운 기술을 체험하는 것을 마다 않고, 자기부터 접점을 만들어가 보자. 누군가가 이끌어 주기를 수동적으로 기다리는 것만으로, 블록체인의 가치를 진정한 의미에서 알 수는 없다. 새로운 도구에 어떤 가치가 숨겨져 있는가를 스스로 탐구하지 않으면 아무것도 얻지 못한다.

혼자서 외롭게 애쓸 필요는 없다. 모르는 부분은 식사라도 하면서, 다른 사람에게 솔직히 가르침을 받자. 지금의 사내 위치에서 자신의 눈높이를 고정하는 것이 아니라, 경영자, 투자자 등 다양한 시점에서, 지금 사회에서 일어나고 있는 일을 다시 파악하라. 불확실성이 높은 이 시대에 변화를 두려워하지 말고 새로운 도구를 먼저 찾으려 해보자. 도구의 유용성을 나름대로 생각하고, 타인과 그 가치를 함께 창출해 나가자. 그러한 자세야말로 새로운 시대를 살아가는 비즈니스맨에게 있어서의 최대 무기가 될 것이다.

— 적극적인 의견 및 비평 등은 메일 yamamototech2020@gmail.com 로 보내거나 오른쪽 QR코드를 읽어서 문의 https://bit.ly/30z56tm 해 주시면 성실히 답변하겠습니다.

기술이 만드는 미래

WEB 3.0과 블록체인

1판 1쇄 발행 2023년 8월 23일

지은이 야마모토 야스마사 山本康正
옮긴이 박제이
펴낸이 박선영

편집 양성숙
마케팅 김서연
디자인 씨오디
발행처 퍼블리온
출판등록 2020년 2월 26일 제2022-000096호
주소 서울시 금천구 가산디지털2로 101 한라원앤원타워 B동 1610호
전화 02-3144-1191
팩스 02-2101-2504
전자우편 info@publion.co.kr

ISBN 979-11-91587-49-4 03320

※ 책값은 뒤표지에 있습니다.